体が硬くてもラクにできる!

1分

おしり筋を伸ばすだけで劇的くびれ・美脚！

骨盤矯正パーソナルトレーナー

Naoko

おしり筋を伸ばしたら
変わるのはおしりだけ？

体の中心にある〝おしり〟は、
上半身と下半身をつないでいる、いわば土台です。
おしりの筋肉を活性化させれば、おなかが自然とペタンコに！
引き締まったくびれができたり、
太ももやふくらはぎがスリムになったり、
みるみるボディラインが整うのです。
そんな〝おしり筋〟に注目したメソッドが「おしり筋伸ばし」。
これまで多くの方から
「おなかがやせた！」「気持ちいいから続けられる」と
喜びの声をいただいています。

いいえ。
ペタ腹、くびれ、スラリ脚の
すべてがかないます

一方で「体が硬いからできるか不安」「やり方があっているかな?」といった声も。
そこで本書では、より簡単に取り組めるおしり筋伸ばしを考案し、動画つきでわかりやすく紹介します。

体が硬くても、運動習慣がなくても大丈夫。
おしり筋伸ばしで、自分史上最高の体を手に入れましょう!

整体を受けているみたいに

とにかく
気持ちいいのに
筋トレ効果も
しっかりある

整体＋筋トレ＋ストレッチ＝おしり筋伸ばし！

ダイエットの邪魔者は体のゆがみ。中でも骨格の要である骨盤がゆがんでいると、なかなかやせられません。そんな体のゆがみ矯正をセルフでできるのが、おしり筋伸ばしです。整体効果抜群で、ダイエットでありながら、とにかく気持ちいいのが特徴！

おしり筋伸ばしでは、自分の体重を使い体が床から浮かないように力を入れたり、効かせたい場所を伸ばしたりします。この動きが筋トレにもなり、ストレッチにもなっているのが、おしり筋伸ばしのすごいところ。

一見すると気持ちよく体を伸ばしているだけなのに、ゆがみが解消され、なまけていた筋肉が活性化。これにより、どんどんボディラインが整っていくのです。

人にやってもらうと……

体を伸ばしたり押さえたりしてもらうことで、ゆがみを矯正できます。ただし自力ではなく他力のため、筋トレ効果は期待できません。

おしり筋伸ばしなら

整体＋筋トレ＋ストレッチのトリプル効果でやせスピードがアップ。いつでもどこでも、無料でできるのも魅力。

体が浮かないように力を入れることで
筋トレになる
縮んでいる筋肉を伸ばす
ストレッチになる
骨盤や背骨などのゆがみが整う
整体になる

体が硬くても運動習慣がなくても

ラクにできて確実にやせられる

「動かさない」ことで効かせるメソッド

おしり筋伸ばしでは、支点をつくり、動かしたい筋肉をゆっくり小さく動かします。ダイナミックに動くよりも、むしろ動かさないことが大切。例えば左写真（フリフリおしり倒しP.40参照）なら、おしりを大きく倒すことより、背中のC字をキープすることが肝心。大きく動かすと、体の支点や軸も動き、効かせたい筋肉への刺激が弱まってしまうからです。

おしり筋伸ばしで狙いたいのは、体の奥にあるインナーマッスルです。表層にあるアウターマッスルには体を速く動かしたり、重いものを持ち上げたりするのが得意な「速筋」が多いのに対し、インナーマッスルに多いのは姿勢保持や呼吸に使われる「遅筋」。深層のインナーマッスルに効かせるために、ゆっくり動かすのがおしり筋伸ばしです。

動かさないことで
効かせたい場所の筋活量はアップ！

支点や軸ごと動いてしまうと、狙っている筋肉の活動量（＝筋活量）は下がってしまいます。刺激したい筋肉以外は動かさないことが、おしり筋伸ばしのコツ！

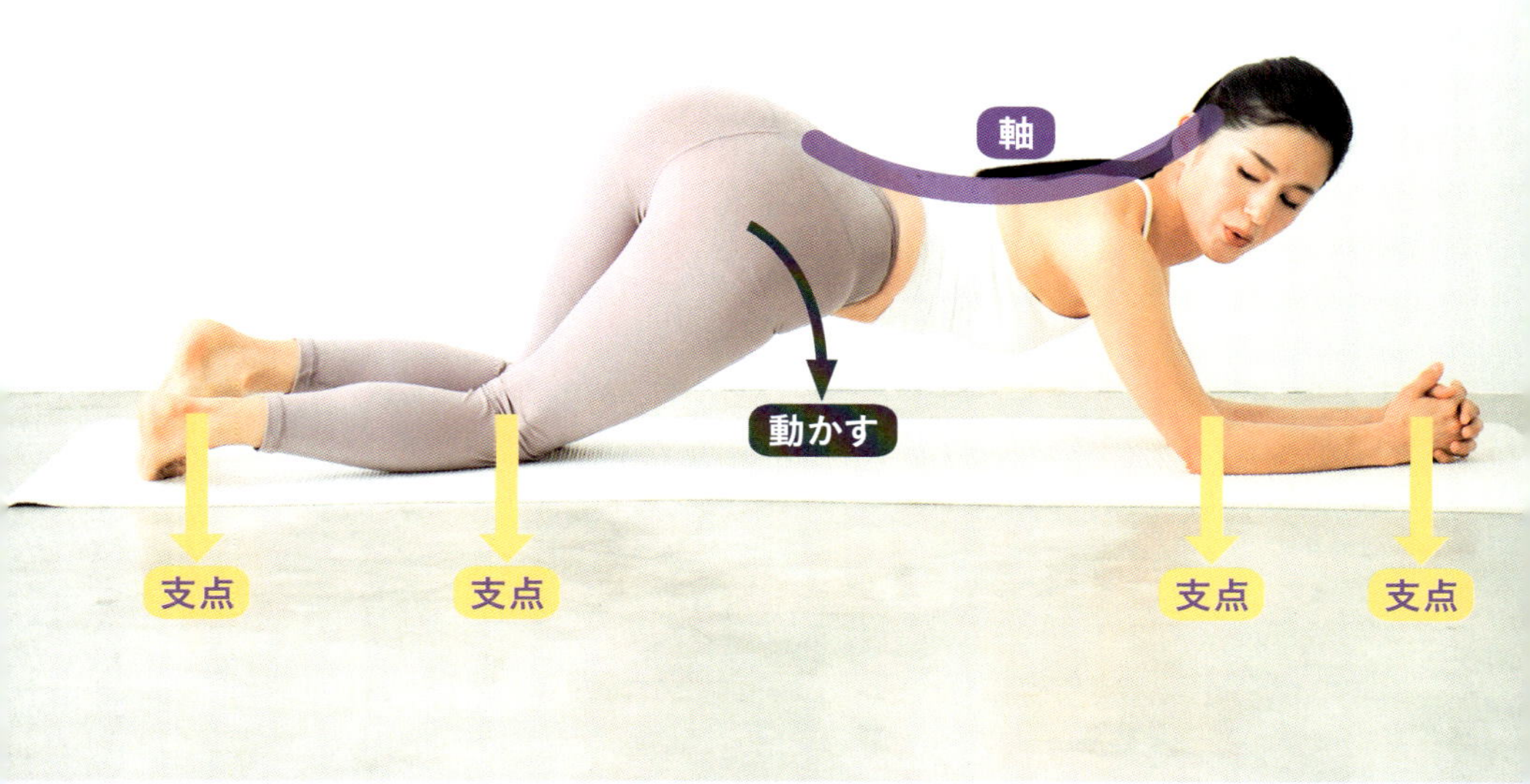

無理なくできる動きをチョイス

動きが難しいものに関しては負荷低減バージョンを掲載。動きは小さくても効果はしっかりあります。慣れてきた人向けのレベルアップバージョンも紹介しているので、合うものを選んで。

1分だけ 集中して 伸ばすことで

最大限の やせ効果を得られる

筋肉を活性化させるのには、1分がちょうどいい

縮んで硬くなっている筋肉をゆるめるのが、おしり筋伸ばしの狙いの一つですが、1分以上は伸ばしません。

筋肉を伸ばすと、同時に脳から筋繊維に「縮め」という指令が出ます。これは、万が一伸びきって筋繊維が切れてしまうのを防ぐためです。「伸ばせ」と「縮め」が拮抗してプルプル震えるのが、筋肉が活性化している状態。この状態を維持するには1分がベストなのです。

3分以上続けると筋肉は伸びきって、うまく縮むことができなくなります。また、疲れるとフォームが崩れ、使い慣れた筋肉で動く「代償動作」を起こしやすくなるのも問題。これでは、筋肉をうまく刺激できません。体の悪癖を定着させるのを防ぐためにも、1分で切り上げたほうがいいのです。

ストレッチ中の筋肉

ストレッチすると、筋肉には脳から「伸ばせ」と「縮め」の両方の指令が。2つの指令がせめぎ合いプルプルしているのが、筋肉が刺激されている状態。

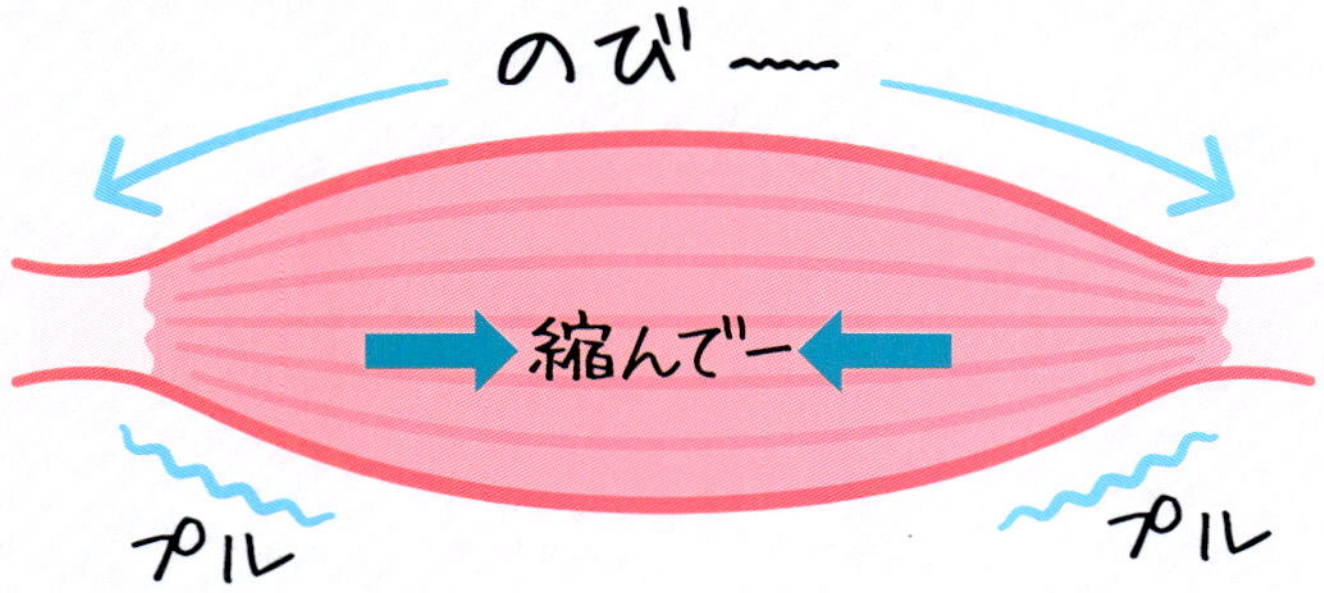

3分以上伸ばすと……

3分以上伸ばすと「伸ばせ」の指令が強くなりすぎ、縮みにくくなってしまう。個人差もあるが、1分を目安に行うのが安全。

これもメリット

食べてもおなかがぽっこり出ない！

おしり筋伸ばしでは、インナーマッスルを刺激します。その一つが、おなかを太いベルトのように覆っている腹横筋。腹横筋は「内臓のコルセット」ともいわれる、腸を側面から支える筋肉。しっかり使ってあげることで、食べてもおなかが出にくくなります。

Naokoの直接指導＋宅トレで

きれいやせ成功!

ウエスト－22㎝でペタ腹に!

After　Before

3か月で
ウエスト
－15㎝!

After　Before

ボディ激変しました!

おしり筋伸ばしを実践し、体が変わった人が続出中。Naokoの直接指導を受けた生徒さんの変化や、おしり筋伸ばし本1冊目のメソッドをやってみた人の声をご紹介します。

おしり筋伸ばしをやってみたところ、毎日どんどん体が引き締まっていくことにビックリしました。ひとりではもったいないので母にすすめたところ、「背中のぜい肉が取れて動くのがラクになった」と大喜び（写真お送りしますね）。
どの年代でも、効果が出るのですね。家族みんなで、おしり筋伸ばしを続けます!

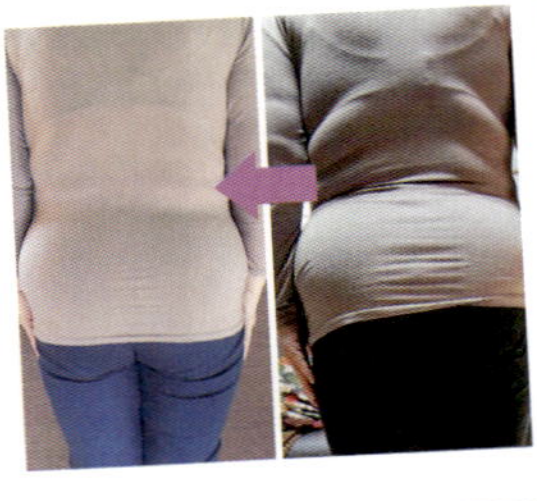

40歳、2児の母です‼
おしり筋伸ばしを毎日続けてみたところ、1か月で体重が－4kg、ウエストは6㎝も細くなりました😊
前もものハリが取れて脚が細くなったのもおしり筋伸ばしのおかげだと思います。
新しいパンツを買いに行けばSサイズがゆるゆる。XSをお取り寄せするという、あり得なかった喜びを味わっています✨

おしり筋伸ばし本 1冊目の

大反響ボイス

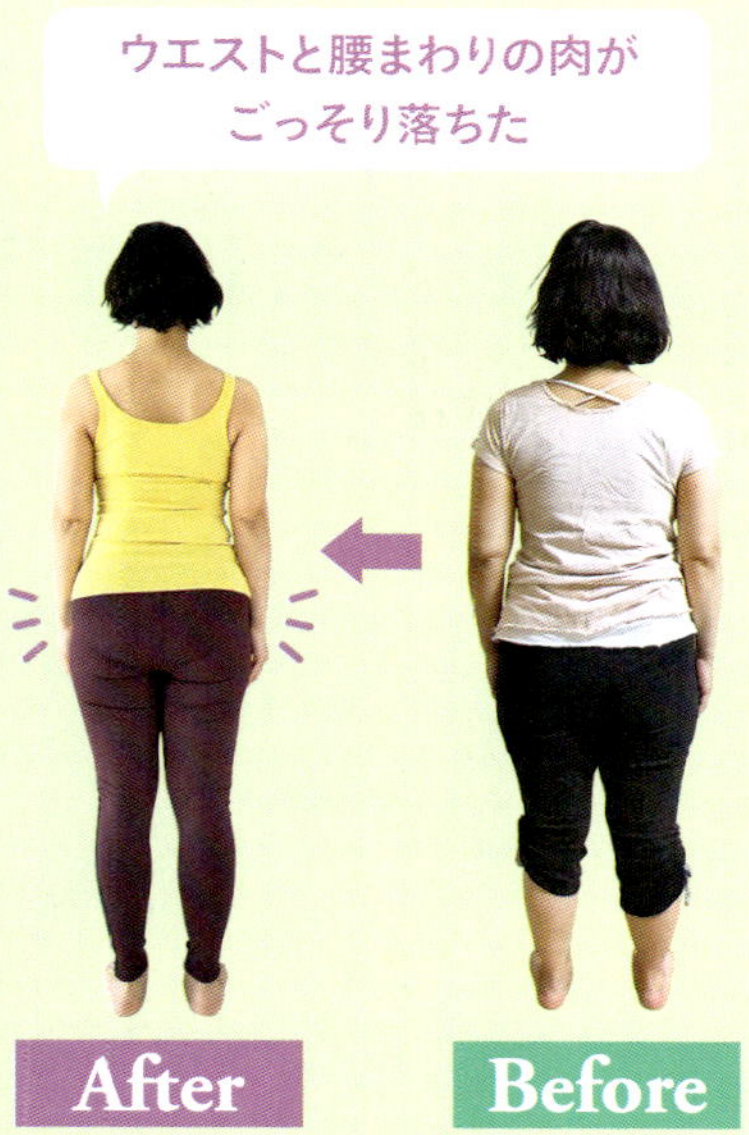
ウエストと腰まわりの肉が
ごっそり落ちた
After
Before

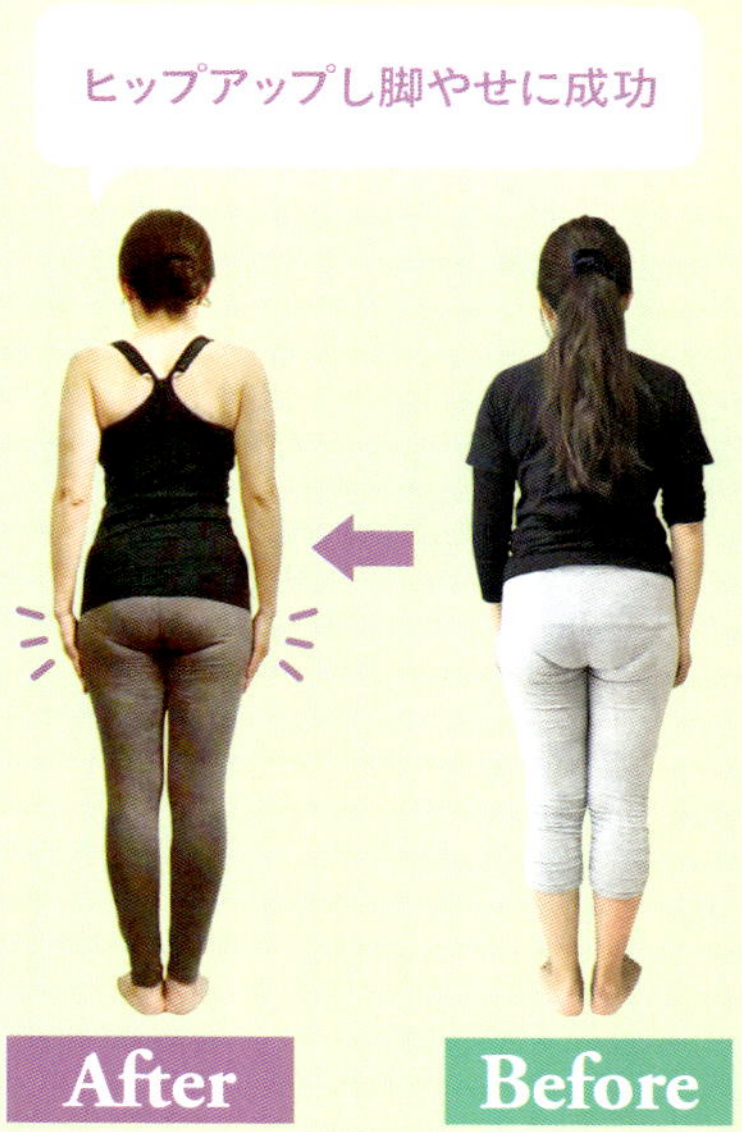
ヒップアップし脚やせに成功
After
Before

私たちおしり筋伸ばしで

産後のママさん向けに骨盤矯正をしている整体師です
おしり筋の本を見たら、私が施術するお客さんと同じように変化していて、「自力で骨盤を締められるなんてすごい！」とビックリ‼
自分でも試してみたところ、骨盤まわりのサイズが4㎝減りました
短時間でも効果があるから、忙しくてもできるところもいいですね。お客さんにも先生の本をおすすめしています

46歳で突然歩けなくなり、検査の結果、原因は股関節が開きにくいせいだと判明。
理学療法士の指導で歩けるようになったものの、痛みや股関節の詰まり感はぬぐえませんでした。それがおしり筋伸ばしをしたところ、おしりの奥のがんこなこわばりがほぐれ、股関節のしびれや足の痛みが消えました！
7年ぶりに普通に歩くことができるようになったうえ、姿勢がよくなり肩こりも解消。中学時代から悩んでいた便秘も改善と、いいことずくめです！

腰痛でつらい日々
このまま悪化していつか歩けなくなるのではと不安におびえていましたが、おしり筋伸ばしを始めたら徐々に痛みが引いていきました。
自然と背中が伸びるようになり、バストアップ
あごのたるみもなくなって若返りました。明るい未来をありがとうございます！

O脚改善のおしり筋伸ばしをしてみたところ、1か月で脚がまっすぐになってきました！ 体が進化していくのってうれしいものですね

※個人の感想であり、結果には個人差があります。

あなたのおしり使えてる?

おしり筋なまけ度チェック

おしり筋がなまけていると、体が太りやすい状態になっている可能性大。まずは自分のおしり筋が目覚めているか、確認してみましょう。

おしりの横側を指で押してみましょう。丸みがなくペタンコだったり、へこんでいたりしたら要注意。おしりをサイドから締める筋肉が衰えている可能性があります。

横から触って おしり筋力チェック 1

おしりの横の筋肉が落ちていない?

これじゃ
ペタ腹になれない！

目指したいのはこんなおしり
理想の桃じり条件

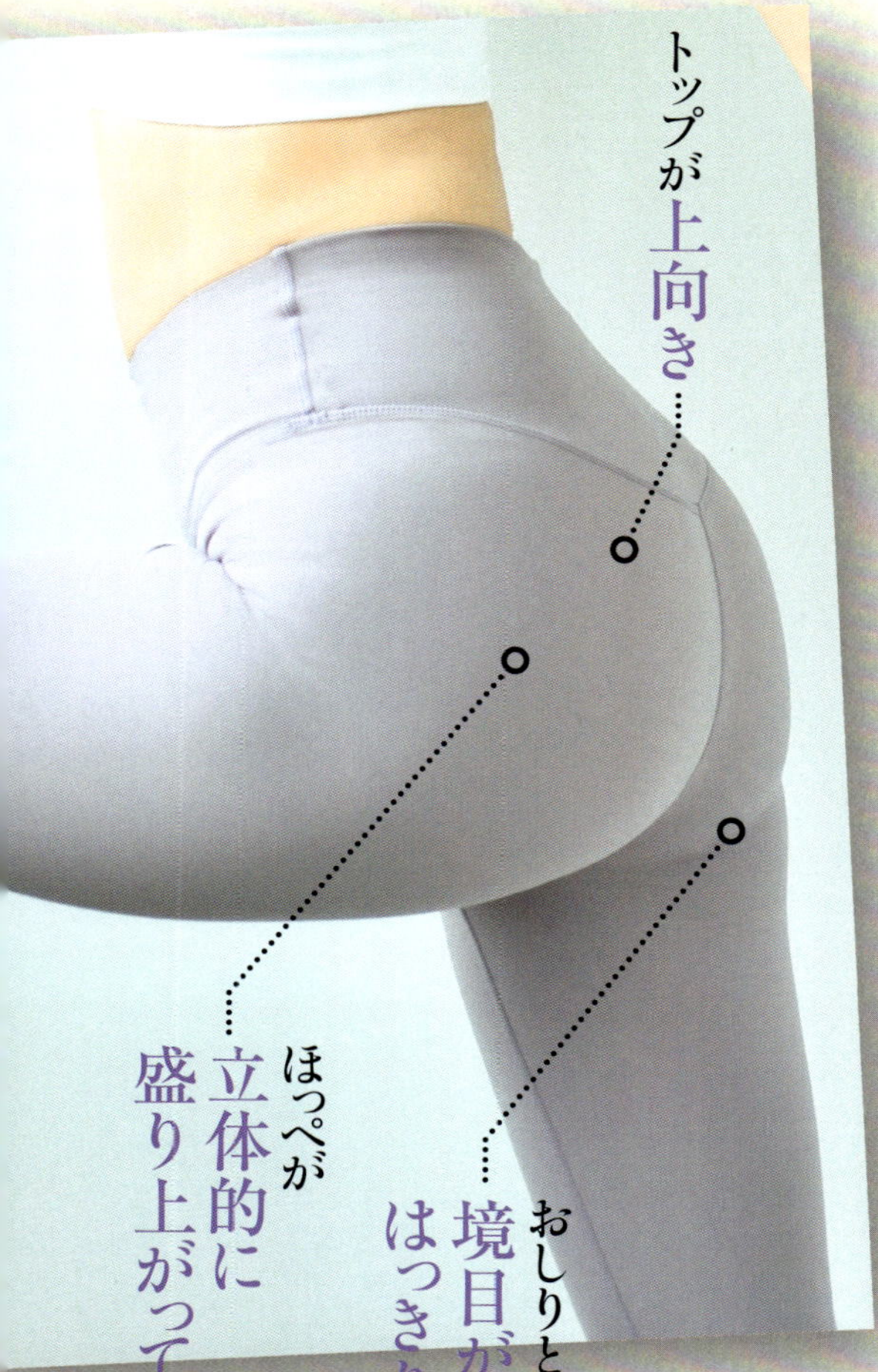
トップが上向き
ほっぺが立体的に盛り上がっている
おしりと太ももの境目がはっきりしている

おしり筋が衰えていると こんな形になっちゃうかも!?

ピーマン型

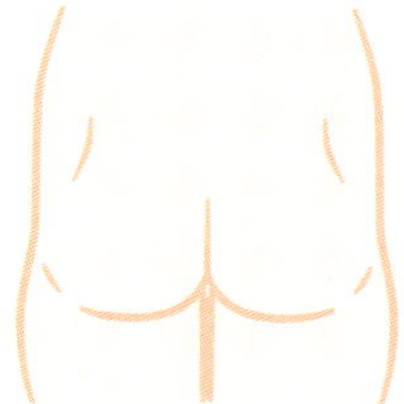

全体的にムチッと脂肪がつき、おしりが角張っている。サイドにはピーマンのようなくぼみが発生。加齢によってなりやすく、太ももが太くなりやすいのも特徴。

ぺったんこ型

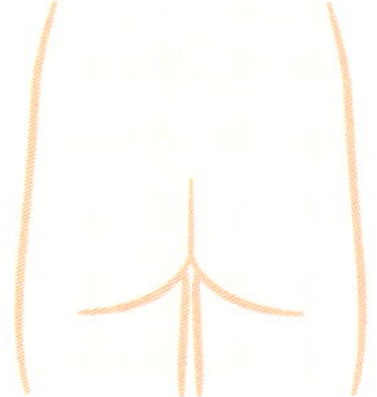

全体的にのっぺりとした、日本人に多いおしり。筋肉量が少なく、女性的な丸みがありません。このおしりの人は股関節が硬く、冷え性、便秘などの不調を抱えがち。

洋梨型

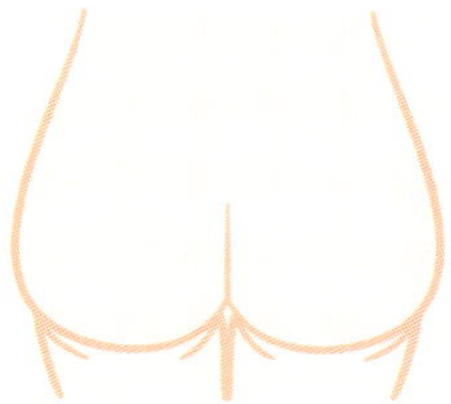

おしりがタレて太ももとの境目があいまい。脂肪が横にも流れているので見た目が幅広になり、脚も太く見えます。座りっぱなしや猫背の人がなりやすいおしりです。

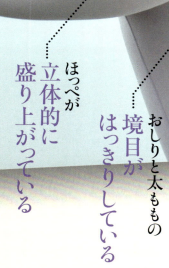

脚を持ち上げて
おしり筋力チェック ❷

おしりの力で脚を上げられるかテスト。片脚ずつ上げることで、筋力の左右差や骨盤のゆがみの有無も確認できます。

うつぶせになり、ひざを開きます。手で軽く床を押し、上体を上げます。

おしりの力で脚が上がる?

おしりの力で右脚を上げます。このとき、左脚と頭の位置がブレないことが大事。反対側も同様に試してみましょう。

軸がズレたり、ひざが閉じたりしないように。重心を前にかける、肩が上がるのもNGです。

わき腹に指を当てて くびれチェック

左右のわき腹にそれぞれ指を当てます。肋骨と骨盤の間に、人さし指から薬指の3本が入るか確認しましょう。

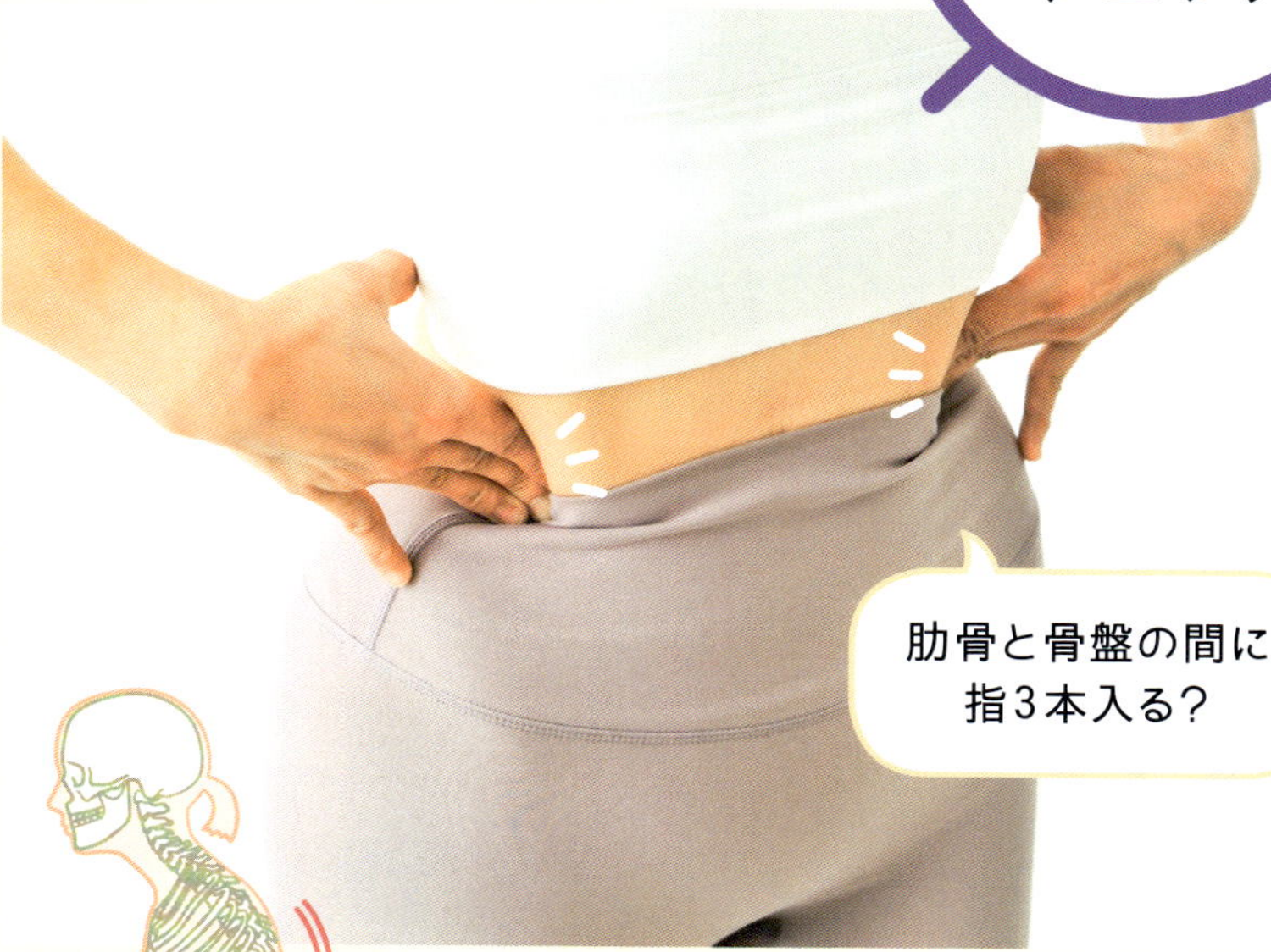
肋骨と骨盤の間に
指3本入る？

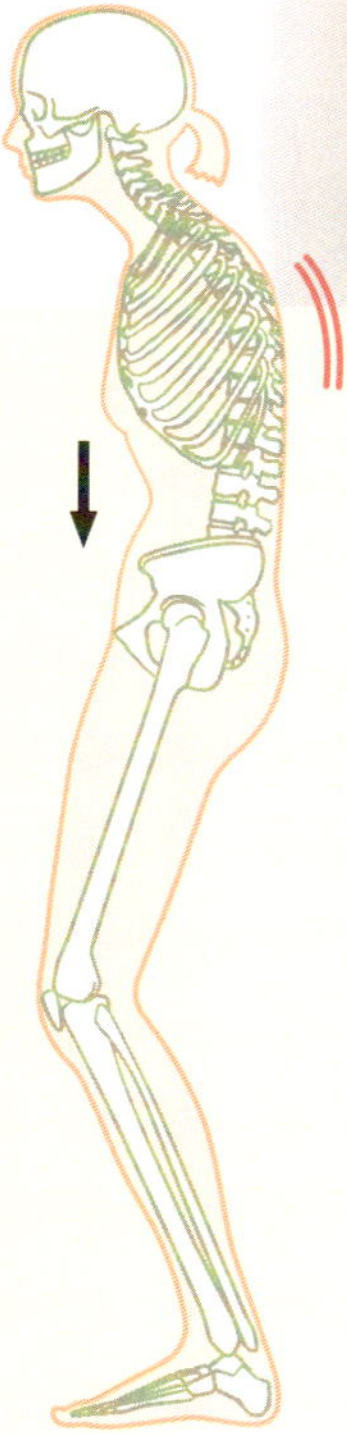

指3本が入らなければ、おしり筋がダラけていてくびれもできにくい状態です。おしり筋がなまけると、姿勢が崩れがち。猫背や骨盤後傾など悪姿勢が習慣になると、肋骨と骨盤の間が狭くなります。

指1〜2本入る	**このままだと、タレじり、ずん胴になる危険大！**
指3本入る	**合格ライン！ さらなるくびれ＆美じりを目指して**
指4本入る	**理想的！ このままキープしましょう**

くびれがある
＝おしりが
使えている証拠！

Naoko's Diet History

20代のころは今より12kgも太っていました。おしり筋伸ばしで理想の体形を手に入れ、3児の出産を経て43歳の現在に至るまでのダイエット年表を公開します！

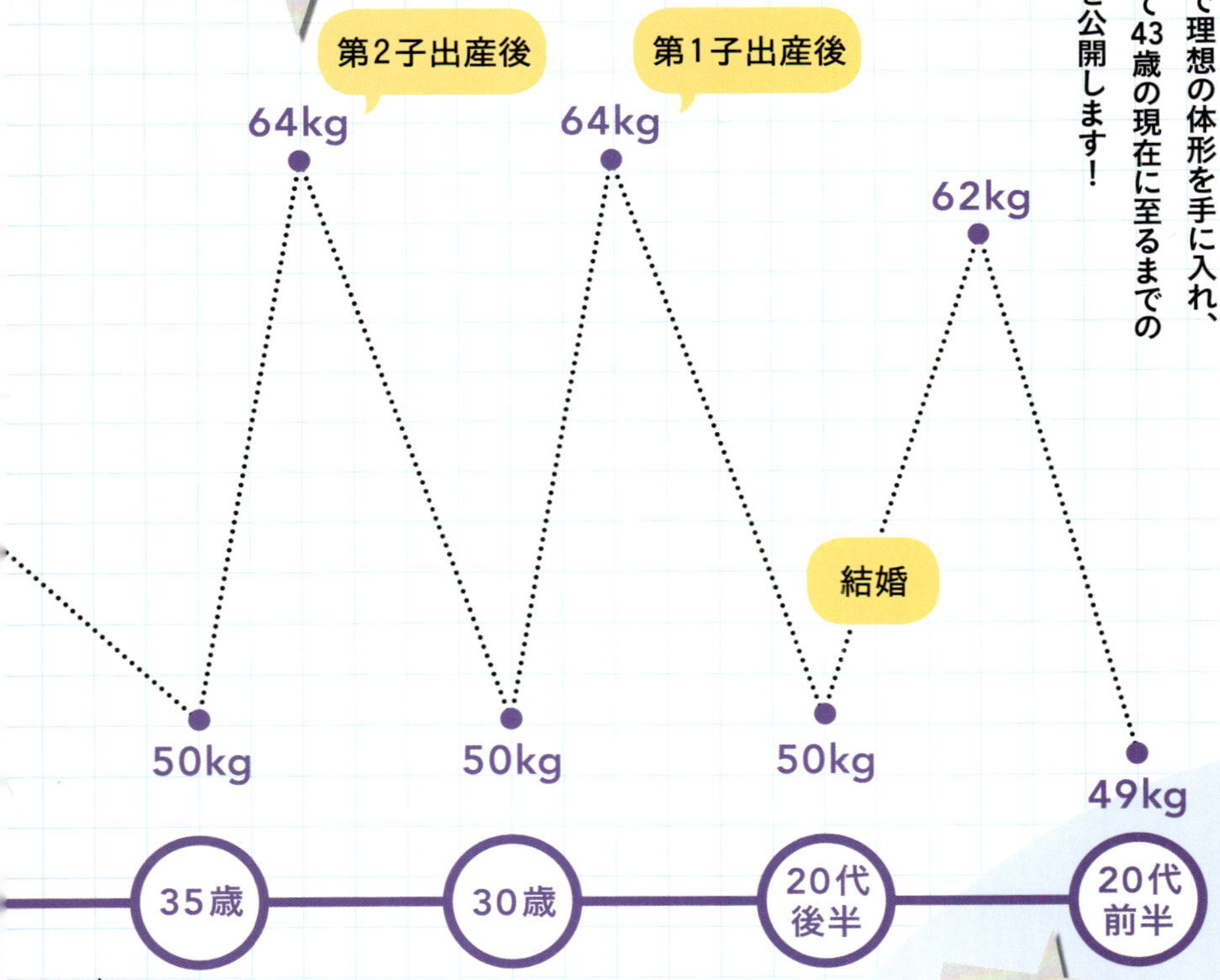

20代前半
49kg
62kg
20代後半
結婚
50kg
第1子出産後
64kg
30歳
50kg
第2子出産後
64kg
35歳
50kg

ストレスで激太り

社会人になり、不規則な生活とストレスから激太り。肌あれや便秘にも悩んでいました。

結婚、出産、病気の母の介護を一気にこなす日々。めまぐるしい毎日を支えてくれたのは子どもの存在。その後ヨガや整体と出合い、体づくりの勉強を開始。

おしりに注目した「おしり筋伸ばし」のメソッドを確立。妊娠中も実践したおかげで体調抜群。出産直前までトレーナーの仕事を続けられました。

2021年4月現在
43歳
3児の母

バスト：88cm
ウエスト：62cm
ヒップ：90cm

Body's Data

身長：164cm
体重：50kg
体脂肪率：19%

3人目の出産は40歳。わずか3か月で元の体形に戻ったのは、おしり筋伸ばしのおかげ！

産後の戻りもスムーズ！

第3子出産後

65kg

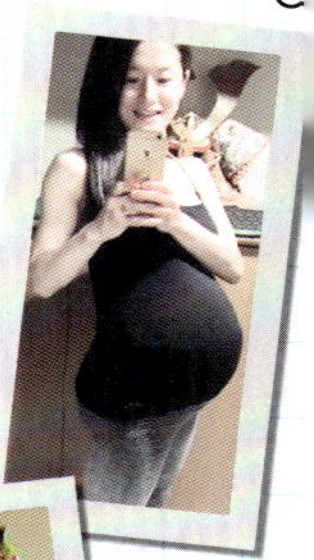

50kg

忙しくても美ボディキープ！

now!!

43歳

40歳

おしり筋伸ばしの認定講師育成にも注力。

トレーナーの仕事と子育てで忙しい日々の中、すき間時間で行うおしり筋伸ばしで体形をキープ！

Contents

PART 1

おしり筋伸ばしでやせコアが目覚める

PART 2
おしり筋伸ばしでみるみるやせるわけ

PART 3
なりたいボディ別 おしり筋伸ばし

PART 4

おしり筋伸ばし もっと効かせるQ＆A

おしりの妖精 おしりちゃん

おしり筋伸ばしを知り尽くした妖精。
コツや効果をお伝えしながら、
みんなのダイエットを応援します！

● 次の方は必ず事前に医師に相談し、許可を得てから行ってください。
・妊娠中の方、持病がある方、けがをしている方
・体調がすぐれない方、体に痛みがある方
・血圧の高い方　・喘息の方
・頸椎や腰椎に痛みのある方
● 動画サービスは、書籍の販売が終了したタイミングで終了させていただく可能性があります。

本書の注意事項
● 本書で紹介するメソッドは、病気やけがの治癒、治療のためのものではありません。また、効果には個人差があります。
● 体調がすぐれない時、体に痛みがある時、満腹時、血圧に異常がある時は行わないでください。また、途中で体に異常を感じた場合はただちに中止し、医師に相談してください。

本書の上手な使い方

動画で動きを確認できる!

本書で紹介しているおしり筋伸ばしは動画で見ることができます。各ページの二次元コード、もしくは下記URLよりアクセスしてください。

https://gakken-ep.jp/extra/oshirikin2

正しくできているかチェック

おしり筋伸ばしを行ったときに、体に変化が感じられれば効いている証拠!

矢印やポイント

動かす方向をグレーの矢印、意識をする方向を緑の矢印、効かせたい部位を黄色で表示。

サポート&レベルアップ

体が硬い人向けの補助法や、頑張りたい人向けのレベルアップ法を紹介。

OK&NG

間違いやすい動きの例はここでチェック。

効かせる筋肉

刺激している筋肉の場所を全身マップで表示。

本書の進め方

基本のおしり筋伸ばしで“やせコア”を活性化!

おしり筋伸ばしの基本は1章で紹介している呼吸法と、“やせコア”を鍛える3種類のエクササイズ。ラク〜にやせたい人はこれだけ続けて!

パーツ別おしり筋伸ばしにトライ

3章では、タレじり、くびれなど、パーツに特化した12種類のおしり筋伸ばしをご用意。気になるパーツに狙い打ちしたいならここ!

おしり筋伸ばしの疑問や不安を解決!

4章では、Naokoの元に寄せられる質問にお答え。プラスしたほうがいい動きや、気をつけることを具体的にアドバイスします。

PART 1

おしり筋伸ばしで やせコアが 目覚める

刺激しているのはおしりなのに、
なぜおなかがへこむの？
そのわけは体の奥深くにある
〝やせコア〟にあります。
おしり筋伸ばしで刺激する場所と、
基本の動きをマスターしましょう。

おしり筋伸ばしなら
体の奥の〝やせコア〟が活性化する

アウターマッスルばかり鍛えると

ゴツく立派な太ももになるなど、いかつい体形になりやすい。またアウターマッスルが発達するとインナーマッスルはなまけがちに。やせてもくびれがない、脚だけ太いなど、思い通りのボディラインをつくれないことも。

おしり筋伸ばしによって、おなかや脚が引き締まる理由は、〝やせコア〟にあります。やせコアとは、①おなか、②骨盤、③おしりのそれぞれ深層にある筋肉・インナーマッスルのこと。骨盤や背骨をゆがみから守って、姿勢をキープする働きや、くびれをつくる、ヒップアップするなどボディラインを整えるために欠かせない筋肉です。

ただし、やせコアは体の奥深くにあるため、意識して動かすのは困難。そこで役立つのがおしり筋伸ばしです。

おしり筋を動かすと、連動して骨盤や股関節が動くため、おしりのやせコア、骨盤のやせコアはもちろん、骨盤底筋群などのおなかのやせコアにも刺激が伝わります。また、やせコアは、深い呼吸で活性化されるという特徴があります。おしり筋伸ばしは、股関節を動かしながら呼吸するため、3つのやせコアにアプローチできるのです。やせコアが働くと姿勢が保たれ、正しく筋肉が使われるようになるので、おしりから離れた場所も引き締まります。

“やせコア”が刺激されると？

おなか、骨盤、おしりの深層筋“やせコア”が働けば、その影響は全身に波及。これまで眠っていた筋肉が活性化して脂肪が燃焼され、ペタ腹や脚やせなど、全身やせがかないます。

インナーマッスルから鍛えると

背骨や骨盤を正しい角度にキープできるようになり、美姿勢に。するとおなかまわりや太ももをはじめ、全身の筋肉をバランスよく使えるようになり、脂肪がどんどん燃えていく。疲れにくい、尿もれ知らずなど、体の機能もアップ！

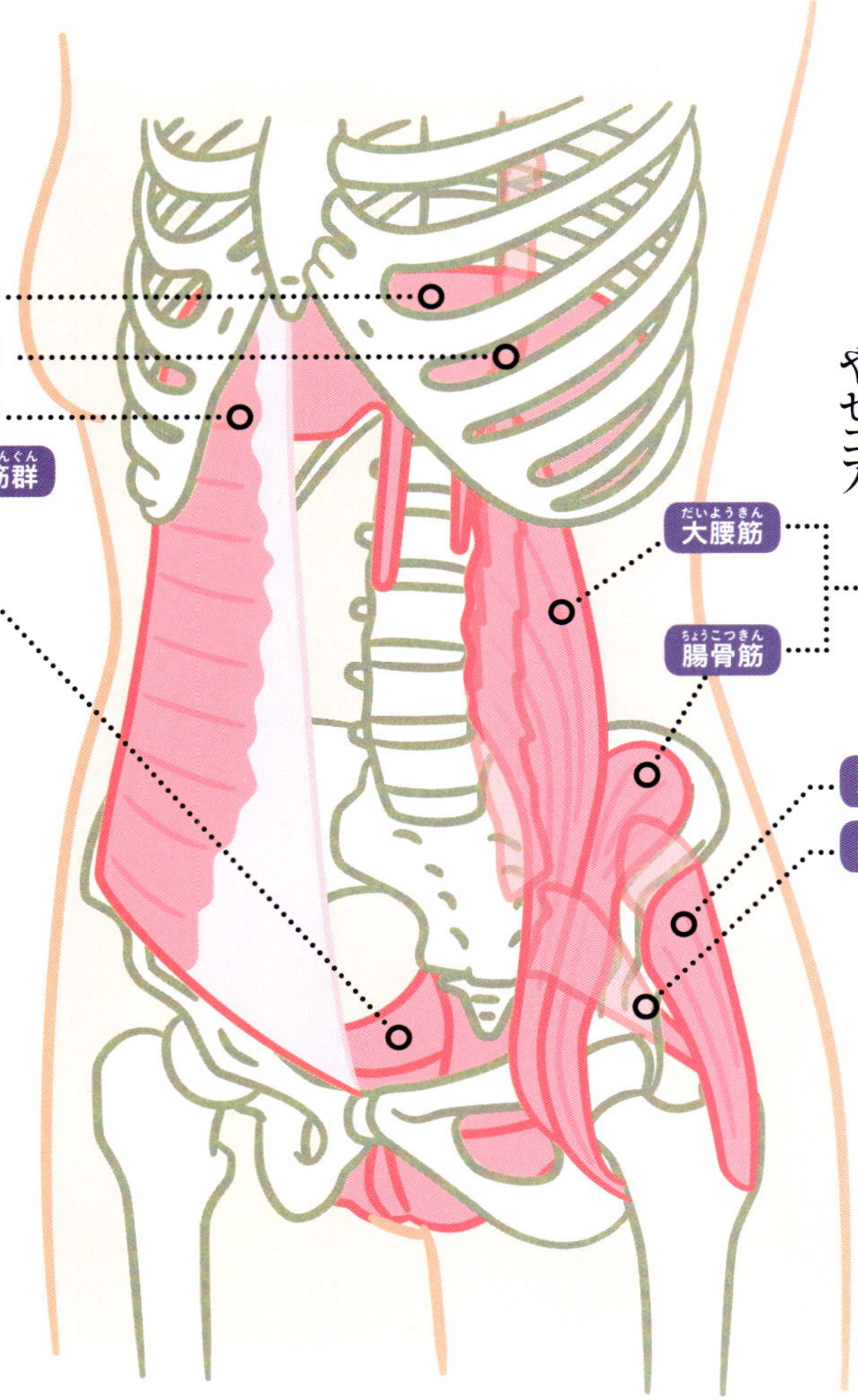
1 おなかのやせコア
横隔膜《おうかくまく》
多裂筋《たれつきん》
腹横筋《ふくおうきん》
骨盤底筋群《こつばんていきんぐん》
2 骨盤のやせコア
大腰筋《だいようきん》
腸腰筋《ちょうようきん》
腸骨筋《ちょうこつきん》
3 おしりのやせコア
小殿筋《しょうでんきん》
梨状筋《りじょうきん》

おしり筋伸ばしで鍛える筋肉 ①

おなかのやせコア

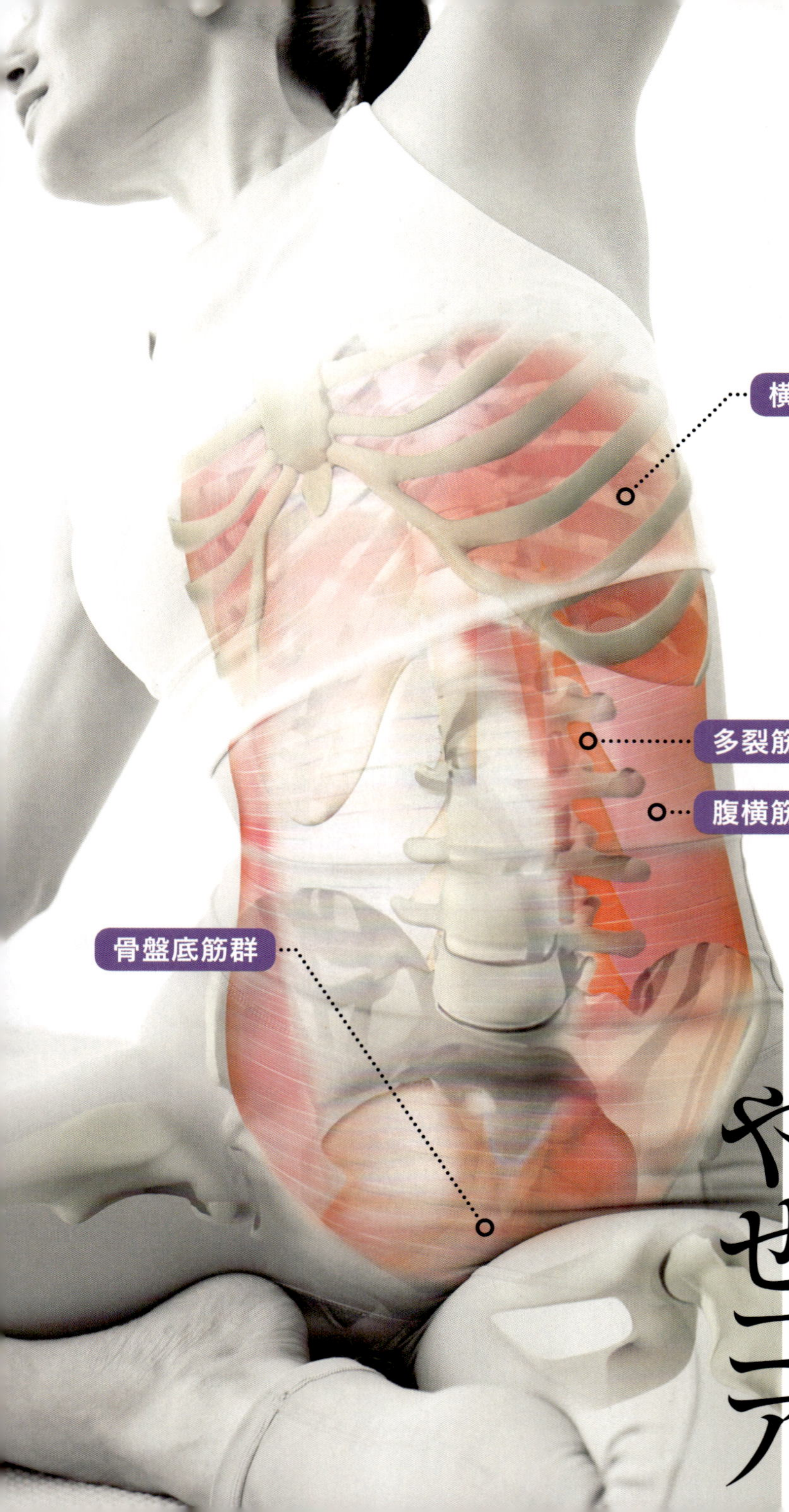

おなかのやせコアはなぜ大切？

おなかのやせコアである「横隔膜」「多裂筋」「腹横筋」「骨盤底筋群」は、美姿勢のカギとなるインナーマッスル。この4つが働いてきれいな筒状をつくることで、体幹が真っすぐにキープされるからです。骨盤底筋群の強化は、尿もれの予防・改善にも役立ちます。

座ったまま
バレリーナ(P.36)で
鍛える！

おしりが浮かないよう踏ん張る力で鍛える

おなかの4つのやせコアは、横座りして浮いたおしりを床に近づける動きで刺激していきます。このとき動きながら深く呼吸するのもポイント。

胸とおなかの間にある横隔膜は、息を吸うときに下がり、吐くときに上がります。横隔膜が上昇すると、つられて、骨盤底筋群もおなかの底から引っ張られながら収縮。さらに多裂筋や腹横筋も刺激され、おなかが内側からギュッと引き締まるのです。

おしり筋伸ばしで鍛える筋肉 ②

骨盤のやせコア

骨盤のやせコアはなぜ大切？

骨盤内のやせコアは、「腸腰筋」。背骨から骨盤、大腿骨をつないでいる腸骨筋と大腰筋を指します。背骨のS字カーブをつくったり、骨盤をまっすぐ立てることで美姿勢をサポート。腸腰筋がゆるむと代わりに前ももが使われるため、太ももの前と外が張りがちです。

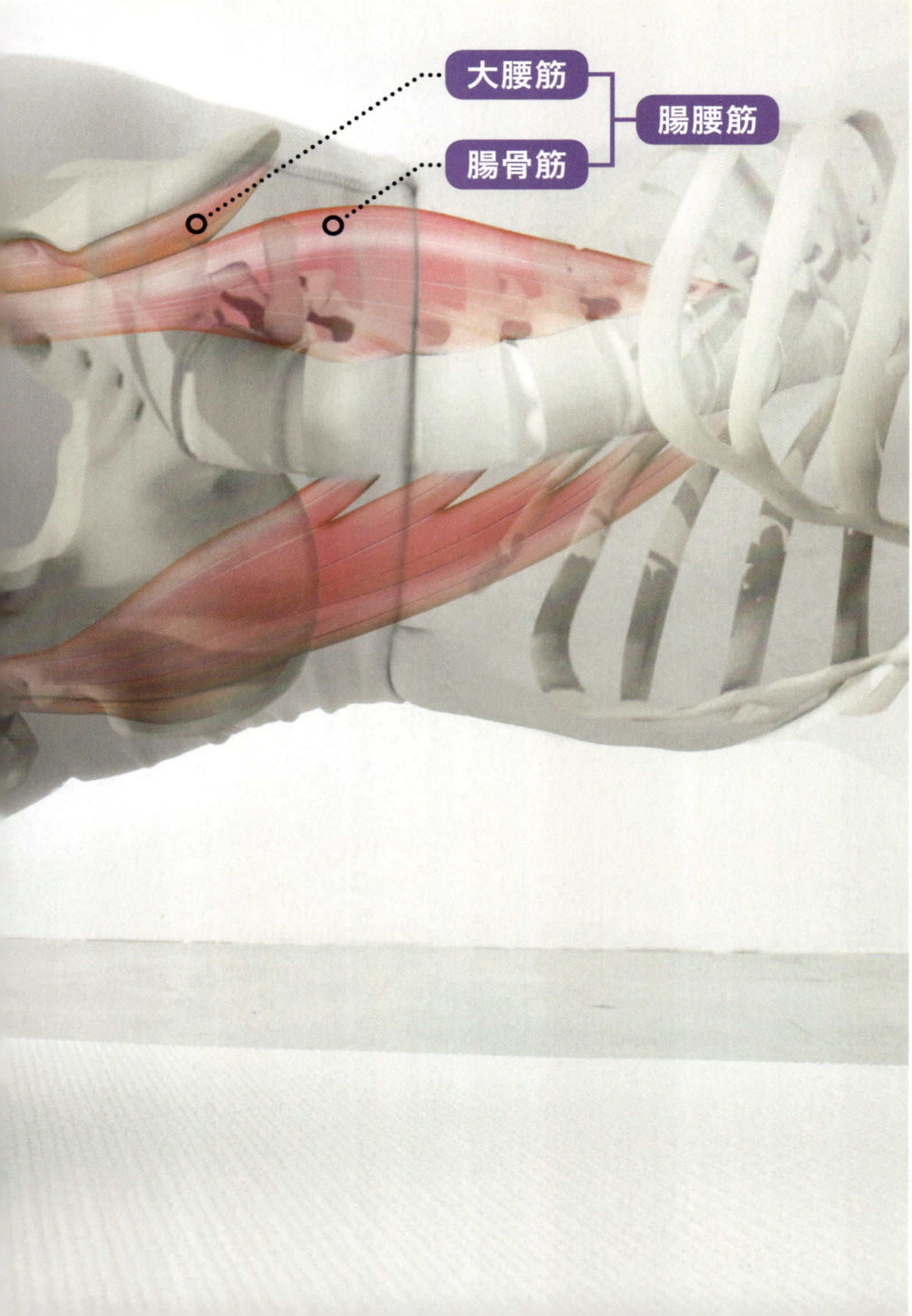

おしりをひねって腸腰筋を伸び縮みさせる

腸腰筋を鍛えるには、前ももを働かせないことが大事。というのも、腸腰筋は前ももとセットで動くため前ももを使うとなまけてしまうからです。おしり筋伸ばしでは、両腕、両ひざを床につき、おしりをひねって腸腰筋を刺激。ひざをつくことで、前ももに負荷をかけず、腸腰筋に働きかけます。

また、腸腰筋は息を吐くときに中央に寄り集まりながら上昇します。ですから呼吸と組み合わせることで、くびれもできやすくなります。

フリフリ
おしり倒し(P.40)で
鍛える!

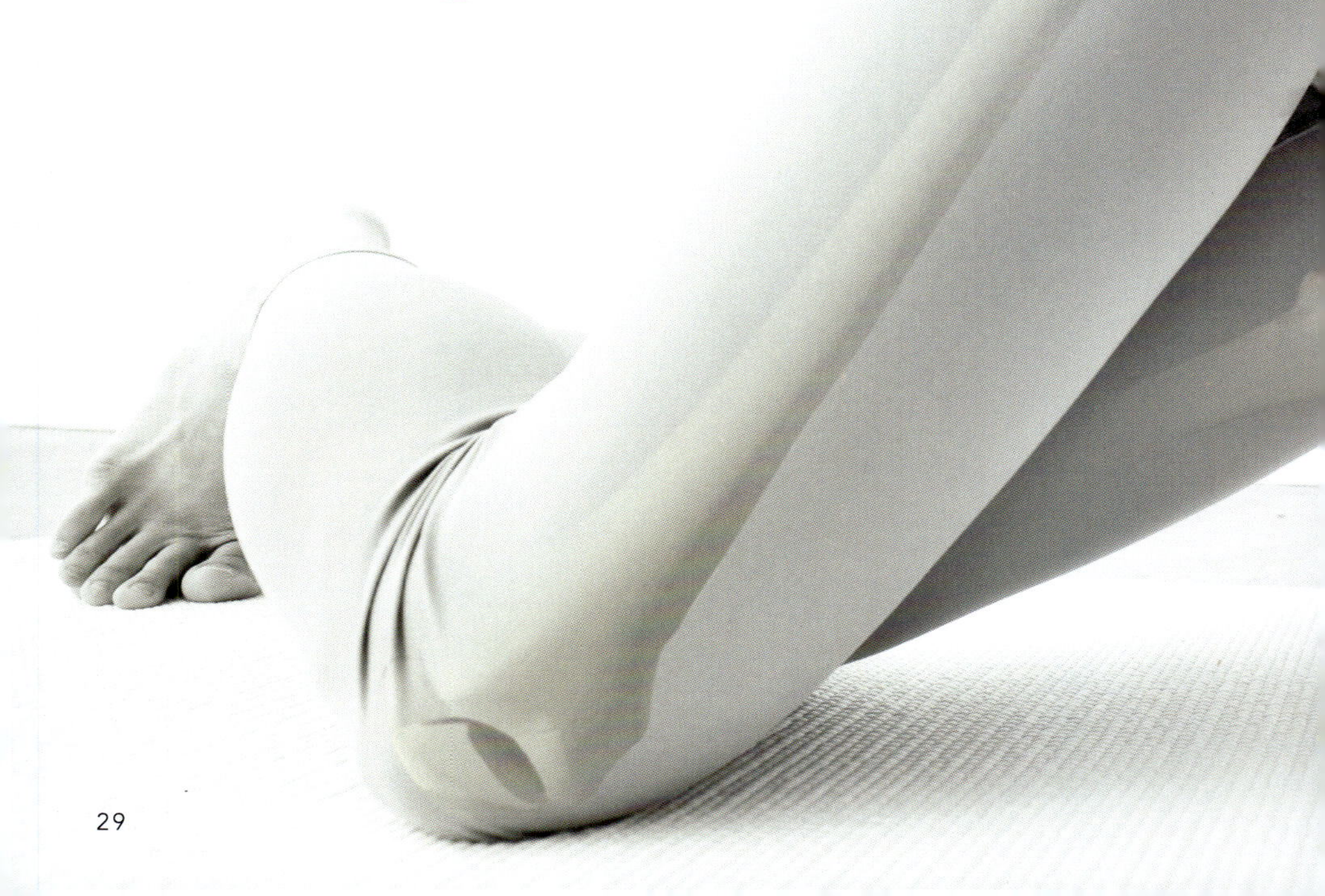

おしりのやせコア

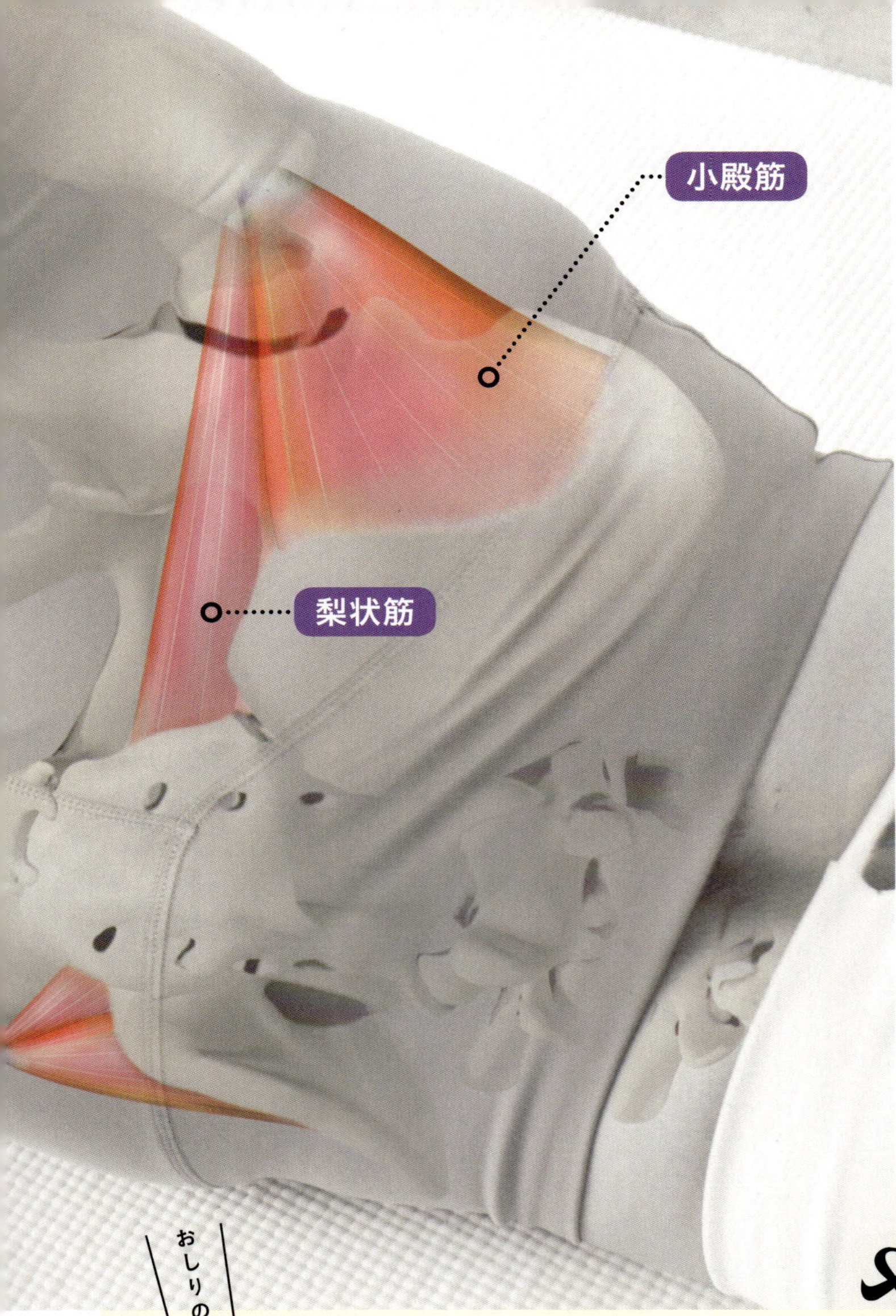

おしりのやせコアはなぜ大切?

おしりのやせコアである小殿筋と梨状筋は、筋繊維が横に走り、おしりや骨盤をサイドから締める役割を担っています。ここがなまけると、おしり幅が広がり脚も太くなりがち。梨状筋を縫うように座骨神経が通っているため、梨状筋が衰えると足腰にしびれが出ることも。

足クレーン(P.44)で
鍛える!

股関節を広げて おしりを横から縮める

おしりのアウターマッスルは、脚を後ろに引き上げておしりを縦方向に縮める動きで鍛えることができます。やせコアは筋繊維が横に走っていますから、それにプラスして、横方向へも縮める必要があります。

おしり筋伸ばしでは、腹ばいで脚を上げつつ、股関節を広げて横方向にもおしりを収縮。また、おしりのやせコアに効かせるには、軽い負荷を連続してかけるのがコツ。上げた足先を動かすことで、ジワジワ刺激を届けます。

おしり筋伸ばしを効かせる
3つのコツ

どこを意識するかでダイエットのスピードは変わります。
効果を出しやすくするコツを知っておきましょう。

1 効かせたい場所&引き合う力を感じる

効かせたい場所をはさんで、両方向から引き合うことで効果を高めます。本書では効かせたい場所を黄色、引き合う力を緑の矢印で表示。力のベクトルと、どこに効かせたいかを常に意識しましょう。

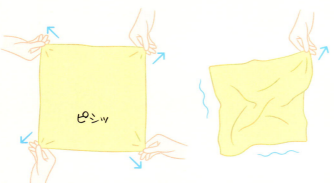

両方向から引き合うのは、ハンカチのシワを伸ばすのと同じ理屈。一方向ではなく、多方向から同時に筋肉を引っ張ることで、早く確実に効かせられます。

2 呼吸とともに行う

おしり筋伸ばしは呼吸とともに行うのが基本です。呼吸をしながら動くと、筋肉や関節がほぐれやすくなります。体に痛みを感じると、息を止めてしまうので注意。おしり筋を伸ばすときは、気持ちよさを感じる強さが目安です。

3 体を大きく動かさない

しっかり伸ばしたいからと、大きく動くと、体の支点がブレて効かせたい場所への刺激はダウン。動きの大きさより、ターゲットとなる場所に刺激を与えることを重視しましょう。

呼吸だけでも
おなかやせ！

基本の壁呼吸

やり方を覚えるために、まずは呼吸だけに集中してトライ。
壁呼吸だけでも、やせコアを刺激しておなかやせに効きます！

1　4秒かけて息を吸う

背中を壁につけて、両足を一歩前へ出します。右手を下腹部に、左手をみぞおちにそれぞれ当て、4秒かけて息を吸いましょう。吸いながら頭を引き上げる意識を持ちます。

1分
目安
5～7回

スウ〜
みぞおちをふくらませる
肩を上げない
下腹部はへこませたまま
親指、小指、かかとの3点に体重を乗せる

動画でチェック

2 8秒かけて息を吐く

8秒かけて細くゆっくり息を吐きます。頭を引き上げる意識はキープ。この呼吸を1分くり返しましょう。

NG

頭を下げない
フゥ〜
みぞおちをへこませる
おなかで壁を押すイメージ
手のひら1枚分
すき間があいてOK
おしりを締めて
膣を引き上げる
イメージで吐いてね

おしり筋伸ばしの最中は、この呼吸法が基本です。呼吸の深さには個人差がありますが、1分間に、吸って吐くことを5回くり返すのが目安です。

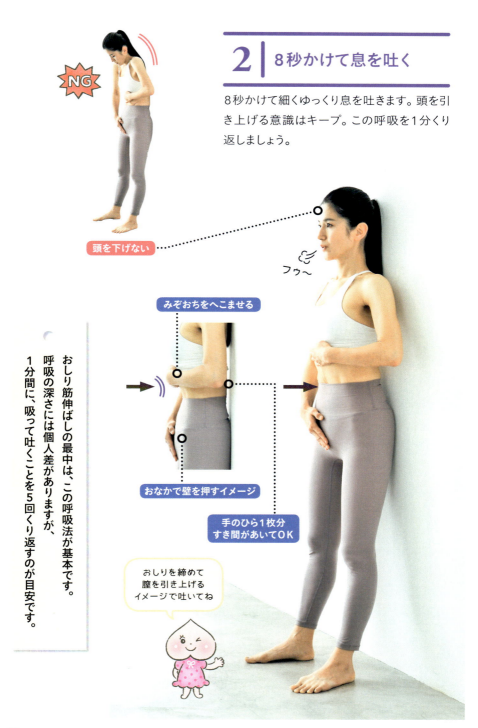

基本❶
おなかのやせコア

座ったままバレリーナ

おなかにある4つのインナーマッスルを引き締めます。吐く息で骨盤底筋群を引き上げることを意識しましょう。

1 足をペタンと倒して横座りする

両ひざを左に倒して横座りになり、左足裏を右太ももにつけます。背中が丸まらないように注意。上体が左に倒れそうになりますが、頭のてっぺんから座骨まで、真っすぐセンターにキープ。座骨を立て、あごは引きます。

左右各 1分
目安
各3〜5回

ペタ腹は
美姿勢に
宿るのよ

ここに効く！

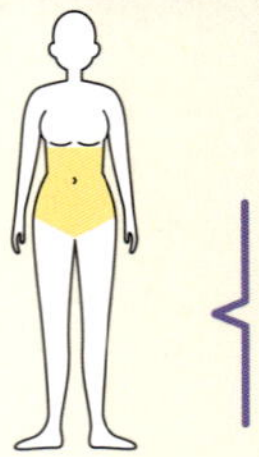

● おなかの
インナーマッスル

動画でチェック

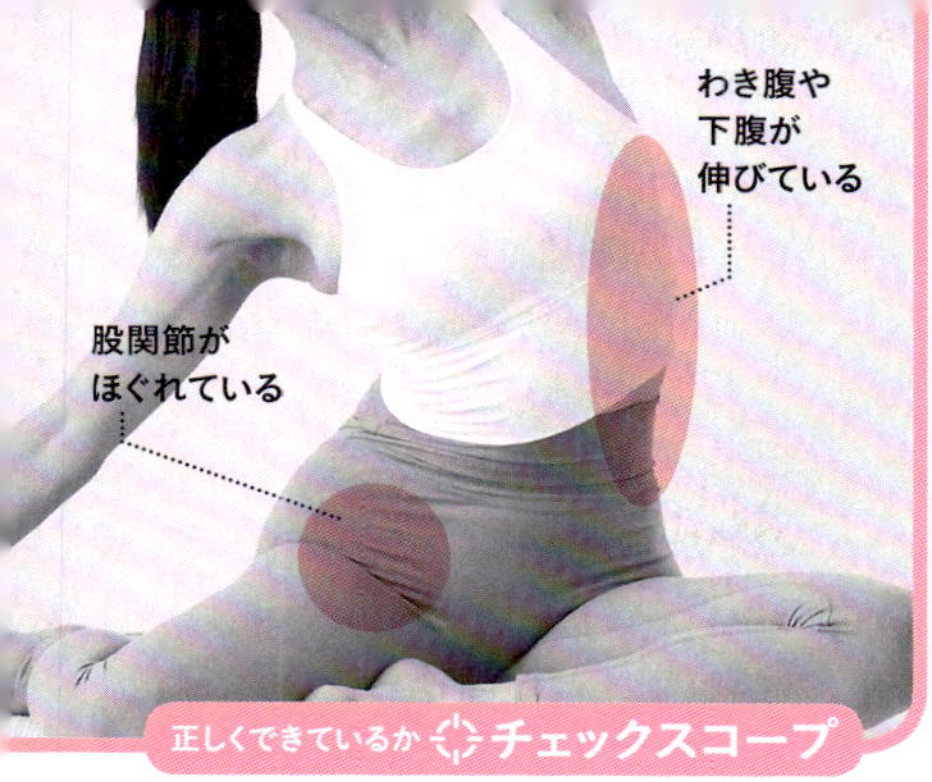

2 上体を右へ倒し 右のおしりを床につける

左手を頭に置き右手を斜め下へ伸ばします。息を吐きながら上体を右へ倒し、浮いている右のおしりを床へ近づけます。息を吐ききったら、吸いながら上体を起こします。1分くり返したら、反対側も同様に行いましょう。

P.36座ったままバレリーナ 正しく効かせるためにチェック！

「ラクラクできちゃう」と感じるなら……

背中は
ピーンと
伸ばして！

背中が丸まっていないか再確認！

背中が丸まるとおなかから一気に力が抜けてしまいます。倒す角度は浅くて構わないので、背筋を伸ばして真横に倒すこと。

\ Level up! /

もっと！バレリーナ

腕を伸ばし顔の向きを変えることで、やせコアへの刺激を高めます。

左右各1分

目安 各4〜6回

動画でチェック

1 横座りして浮いているおしりを床へ近づける

両ひざを左へ倒して横座りします。左手を頭の上に、右手を床へと伸ばし、浮いている右のおしりを床へと近づけながら、息を吐いて上体を右へ倒しましょう。

どうしても背中が丸まってしまう人は……

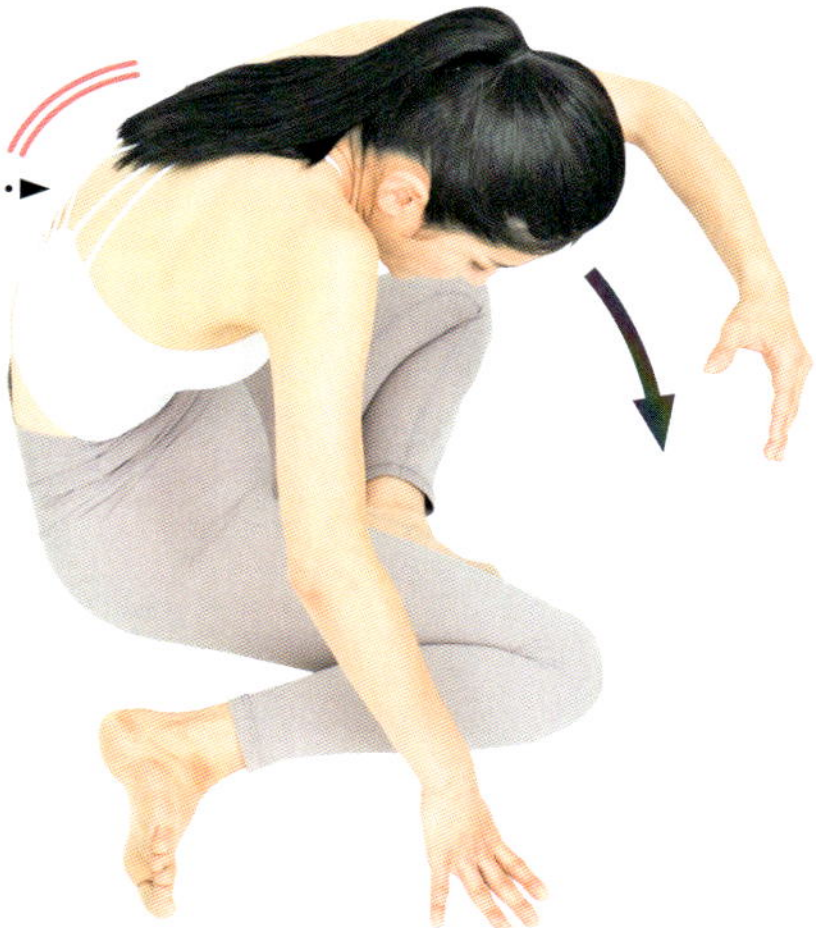

丸まっていると
締まらないわよ！

筋膜ほぐし（P.86）にトライ

筋肉を包み込んでいる筋膜が癒着していると、筋肉が伸び縮みしにくくなります。筋膜ほぐしを取り入れることで、体を動かしやすくなります。

2 顔を左上へ向ける

右のおしりを下げたまま左腕を伸ばし、顔を左上へ向けます。息を吐きながら右のおしりを下ろす、吸いながらゆるめることを2〜3回（30秒ほど）くり返します。

3 顔を右下へ向ける

左腕を上げたまま、顔を右下へ向けます。息を吐きながら右のおしりを下ろす、吸いながらゆるめることを2〜3回（30秒ほど）くり返します。1に戻り、反対側も同様に。

基本②
骨盤のやせコア

フリフリおしり倒し

骨盤まわりを気持ちよくほぐしながら、日常の動きで刺激しにくい腸腰筋を目覚めさせます。

1 腕とひざをついて背中を反らせる

両腕、両ひざを床につきます。左右の指は組みましょう。ひじは肩よりも前に出し、背中を軽く反らせます。おしりを天井に向かってプリッと突き出すようなイメージを持ちましょう。

1分

目安
3往復

くびれもくっきり
できるわよ〜

動きが難しい人は

ひざ位置を右へズラす

股関節の真下でひざを立てるのではなく、右へズラして。2でおしりを倒しやすくなります。

ここに効く！

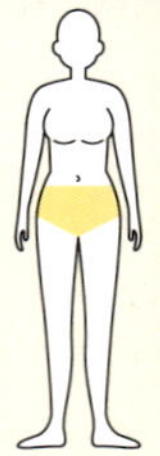

●骨盤のインナーマッスル

動画でチェック

倒れたとき
おしり＆腰が
伸びている
正しくできているか チェックスコープ

2 おしりを右へ倒し顔を右に向ける

息を吐きながら腰をひねっておしりを右へ倒し、顔を右へ。左ひざが浮かず、なおかつおしりが重力に負けて落ちないギリギリでキープ。息を吐ききったら、吸いながら顔とおしりを正面に。左右交互に1分くり返します。

続いて左へ倒す

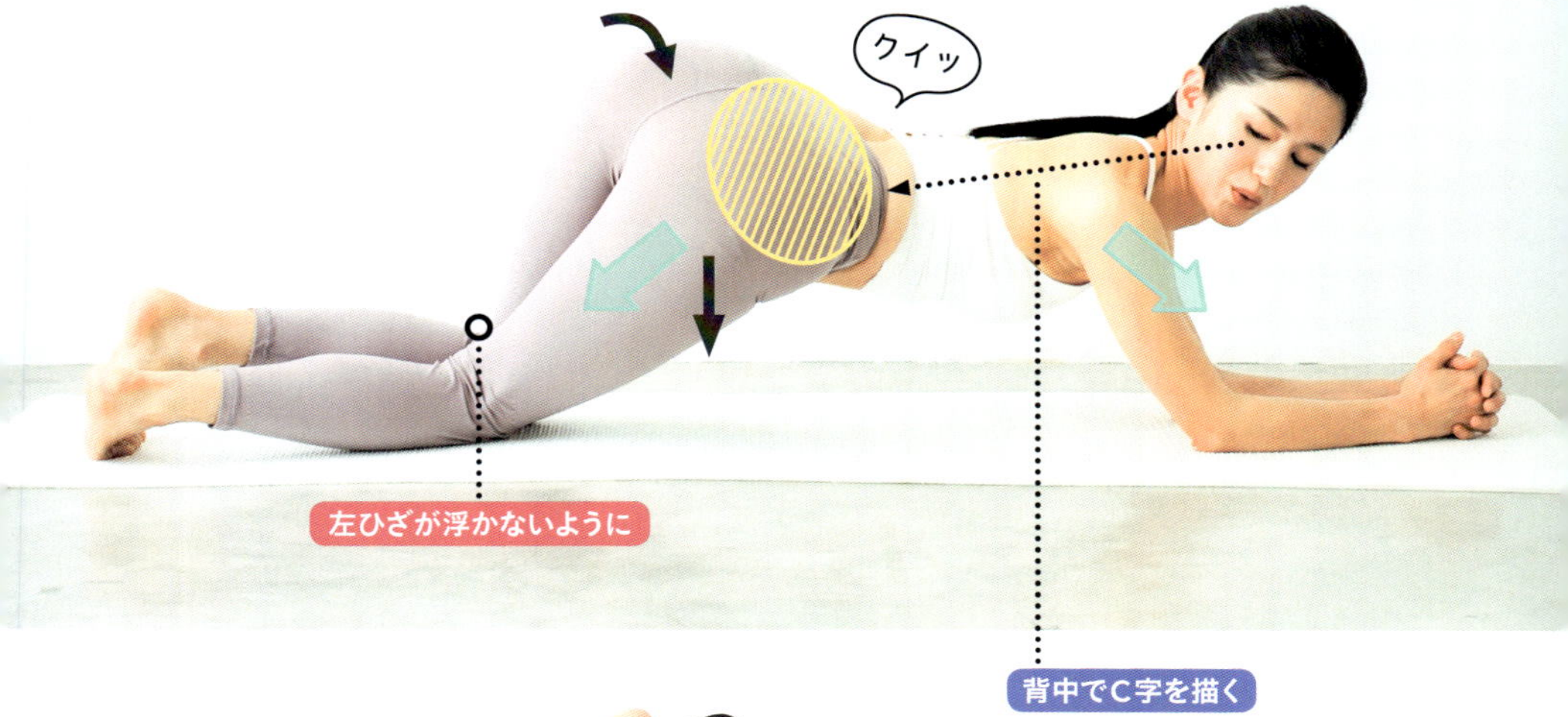
クイッ
左ひざが浮かないように
背中でC字を描く

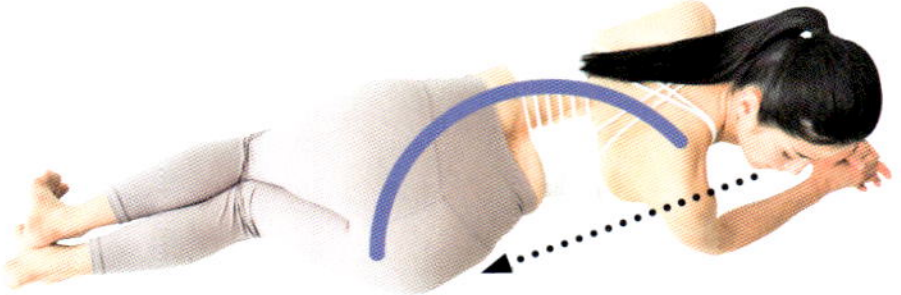

おしりと顔を右へ向けたとき、おしりが見えなくても構いません。見ようと意識することで背中がC字を描き軸が安定します。

P.40フリフリおしり倒し

正しく効かせるためにチェック!

「どこに効いているのかピンとこない」なら……

おなかから
力が抜けると
腰を痛めちゃう

「おなかをへこませる」と意識

おしりを倒すときも元に戻すときも、おなかの力が必須です。おなかをへこませることでおなかに力が入り、じわじわ腰が伸びる感覚をつかみやすくなります。

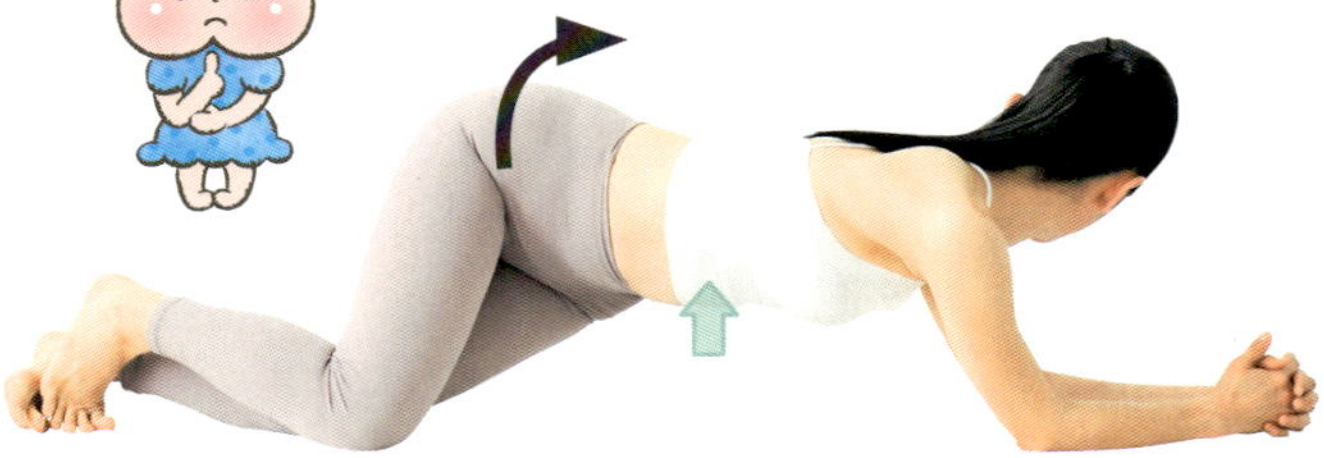

Level up!

寝たままおしり倒し

胸を床につけたうつぶせ姿勢でスタート。
体幹＆おなかの力がさらに使われ、やせ効果がアップ!

左右 1分

動画でチェック

START

うつぶせになり左腕を伸ばします。右腕は顔の下へ、顔は右に向けましょう。

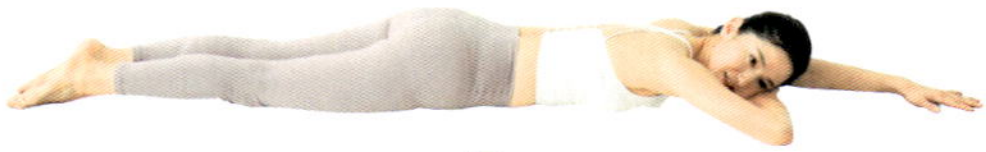

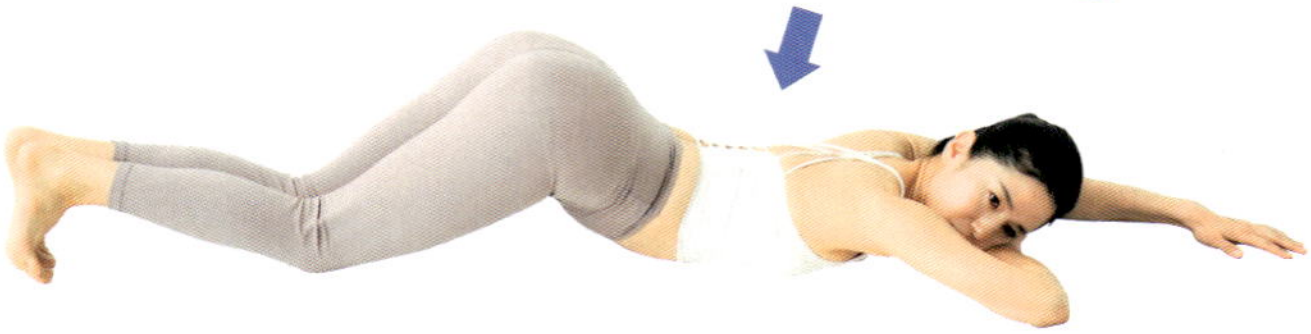

1 ひざを曲げて おしりを浮かせる

足先で床を押しながらひざを曲げ、ひざを腰に近づけていきます。背中を軽く反らせて、おしりをプリッと浮かせましょう。

「おしりを倒しにくい」と感じるなら……

背中は
反らしておこう

背中が丸まっているのかも

背中が丸まっているとうまくおしりを倒せず、伸びを感じられません。1の姿勢でおしりを突き出し腰を反らせているか、確認しましょう。

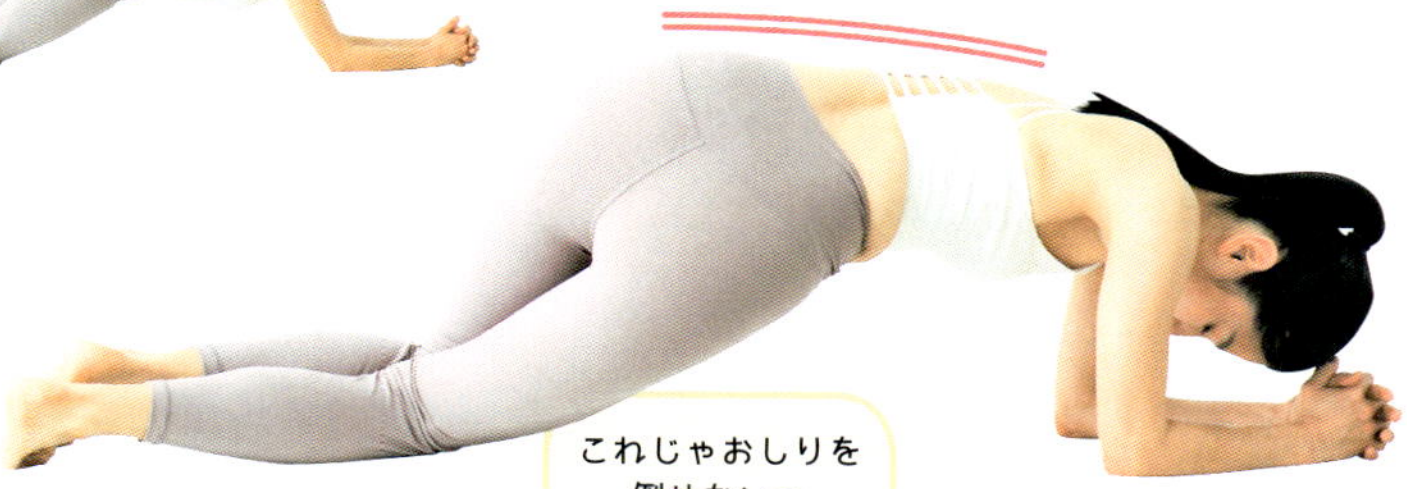

これじゃおしりを
倒せない〜

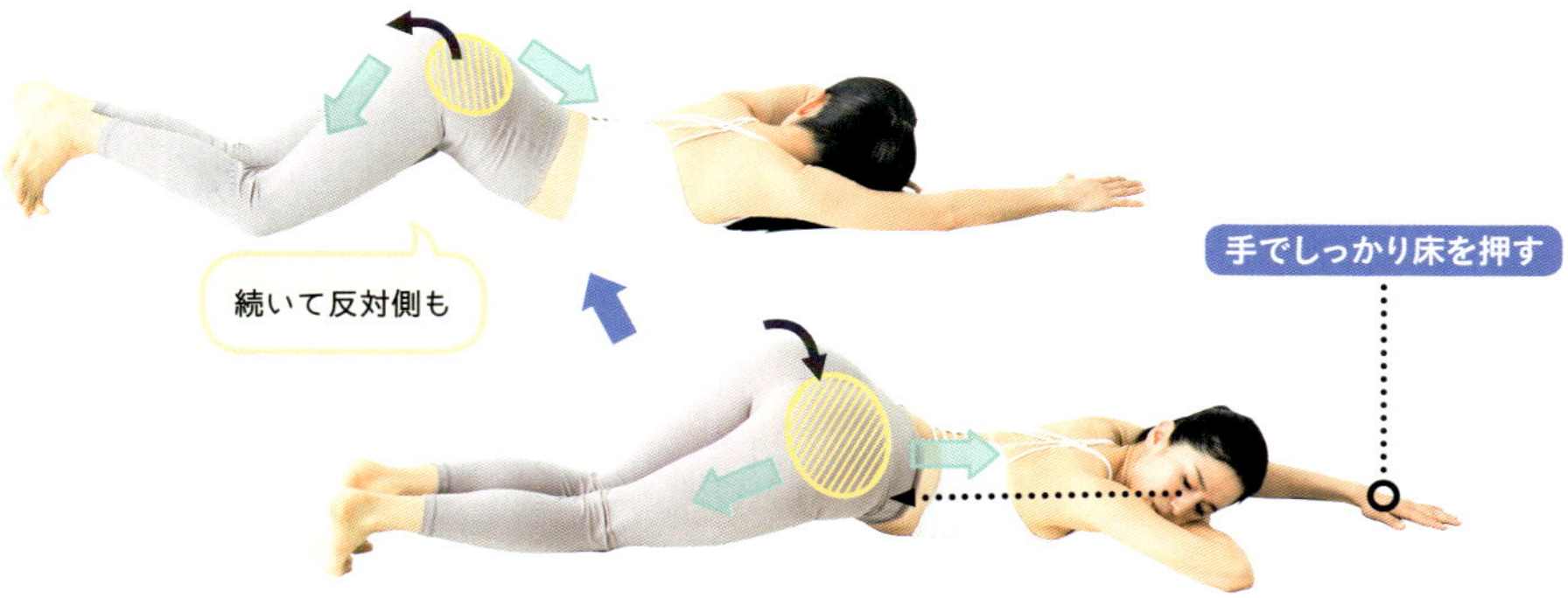
続いて反対側も
手でしっかり床を押す

2 おしりを右へ倒す

息を吐きながらおしりを右へ倒します。床につかないギリギリで30秒キープ。息を吸いながら元に戻したら、左右の腕と顔向きを入れ替えておしりを左へ倒し、30秒キープします。

基本③
おしりのやせコア

足クレーン

おしりを整える小殿筋と梨状筋を活性化させます。股関節を大きく広げるのがコツ。

1 うつぶせで左腕を伸ばし顔を左に向ける

うつぶせになり、両脚をそろえて伸ばします。右手は顔の下に置き、左手は頭の上へ伸ばしましょう。顔は左へ向けておきます。

左右各
1 分

ゆるんだ骨盤も
引き締まるわ〜

ここに効く！

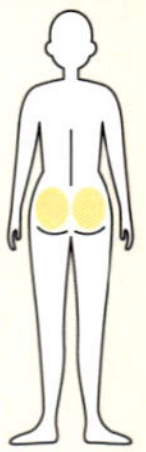

● おしりの
インナーマッスル

動画でチェック

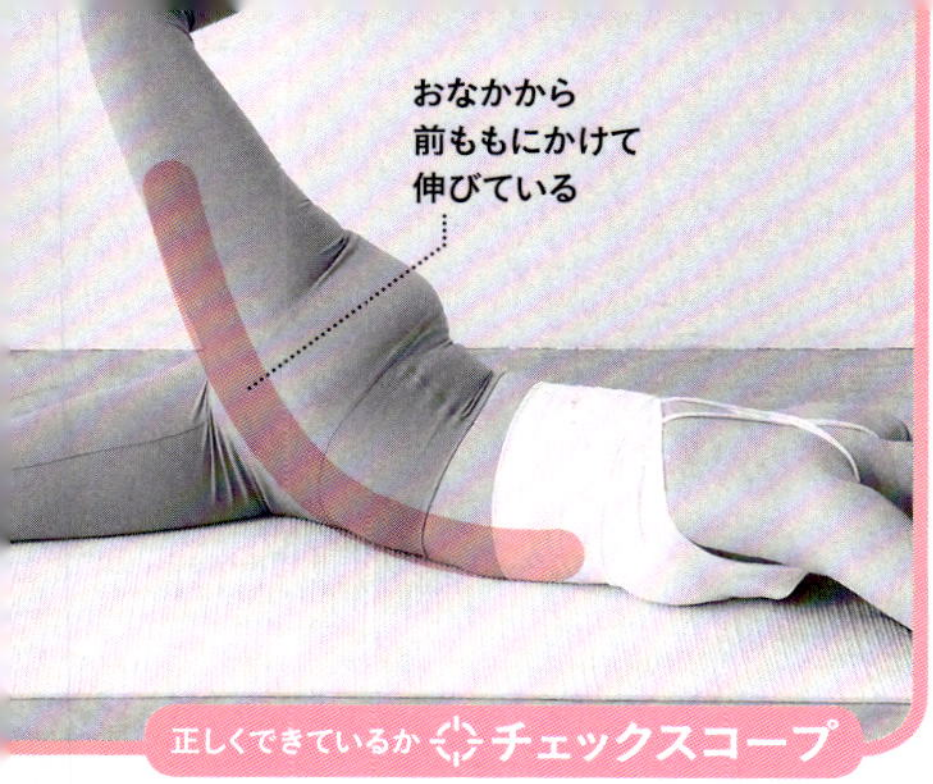

2 右足を上げて足先を揺する

右脚を上げ、体の左側に向けて伸ばします。脚だけでなく腰ごと浮かせること。できるだけ脚を高く上げることが効かせるコツです。息を吐いてひざを曲げ、吸って伸ばします。1分くり返したら、左右を替えて同様に。

足先を見ないと引き締め効果が半減！

P.44足クレーン
正しく効かせるためにチェック！

「おしりに効いているかわからない」なら……

腰をしっかり床から浮かせて

脚だけ上げてもおしりのやせコアは刺激されません。腰ごと浮かせて脚を伸ばすことで、股関節が動き、おしりのやせコアにビリビリ効きます。

NG
腰が床についていると
やせコアに効かない

Level up!

ひざつき足クレーン

体幹を床から浮かせることで、
おなかのやせコアも同時に引き締め！

左右各 1 分

動画でチェック

1 手とひざを床につき 右ひざを浮かせる

両手、両ひざを床につきます。手は肩よりも前につきましょう。左ひざが体の真ん中になるよう両脚を右にズラし、右ひざを床から浮かせます。

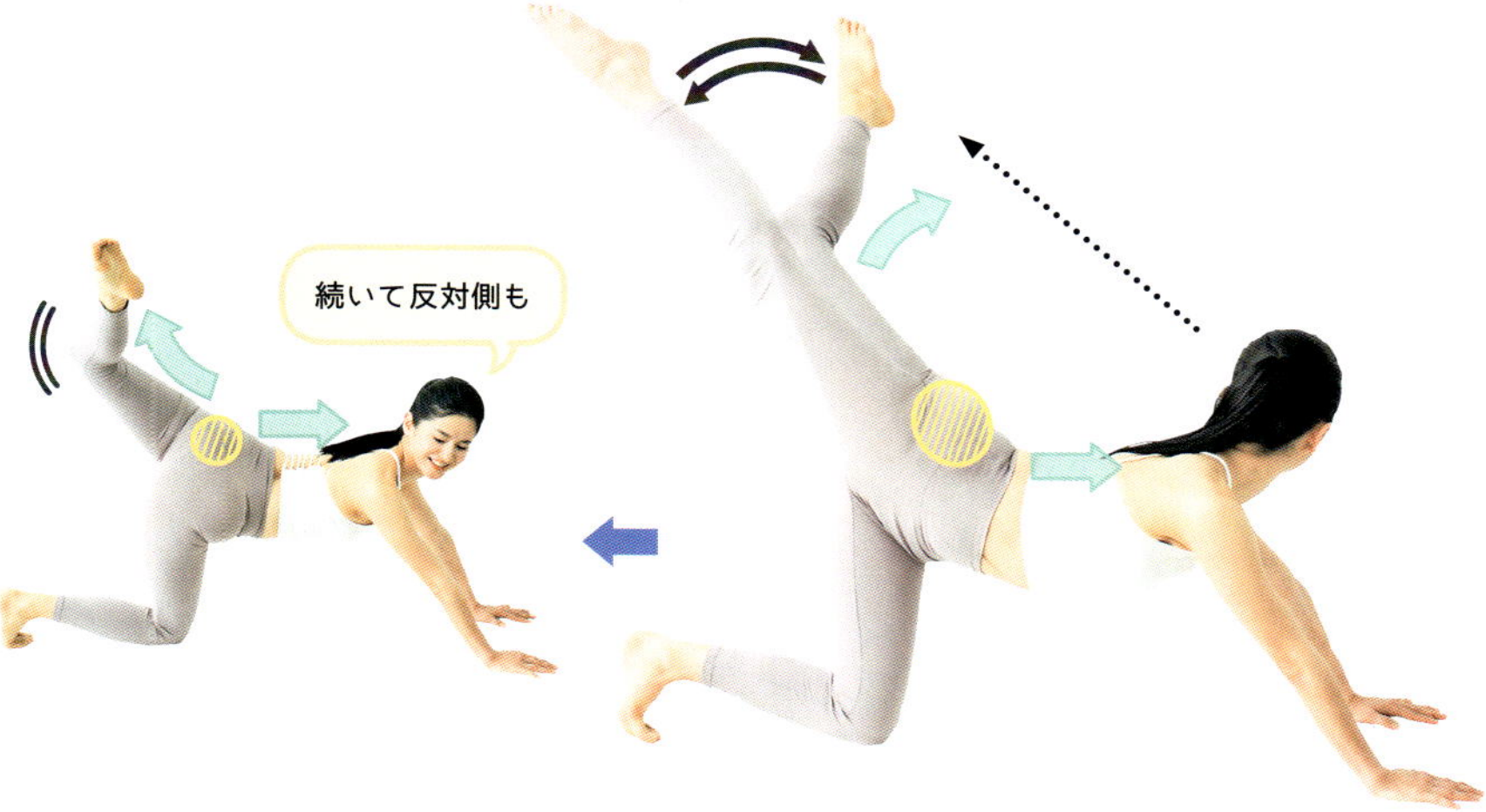

2 右脚を体の左へ伸ばして揺らす

右脚を上げ、体の左側へ向けて伸ばします。そのまま息を吐いてひざを曲げ、吸って伸ばします。顔は左に向け足先を見ること。1分くり返したら左右を入れ替え同様に行います。

PART 2

おしり筋伸ばしで

みるみるやせるわけ

おしり筋伸ばしが
ボディメイクに効く理由を徹底解説。
やせるメカニズムがわかると、
もっともっと、
おしり筋を伸ばしたくなります！

腸腰筋と股関節に働きかけ骨盤のゆがみを正す

多方向から
アプローチよ！

おしり筋伸ばしの効果の一つは、骨盤のゆがみが矯正できること。これには、骨盤のやせコア（腸腰筋）を刺激することが有効です。また、おしり筋伸ばしは**股関節をほぐす運動でもあり、これも骨盤のゆがみを矯正**に効果的。

関節には、「体を動かすことに向いているもの」と「体を安定させることに向いているもの」の2種類があります。私たちの体は、「動かす担当」の関節がなめらかに動くから、スムーズに動くことができるのです。ところがおしり筋がなまけると、関節の役割が逆転することがあります。その一つが骨盤にある仙腸関節と股関節です。仙腸関節は体を安定させることが主な役割で、股関節は体を動かすことが主な役割ですが、**おしり筋がなまけると股関節の動きが鈍化。すると、股関節が動かないことをカバーし**

おしり筋伸ばしと骨盤の関係

骨盤の動きを左右する腸腰筋を活性化。同時に骨盤につながる股関節をほぐすことで、骨盤の左右差やねじれ、開きといった全方位のゆがみを改善していく。

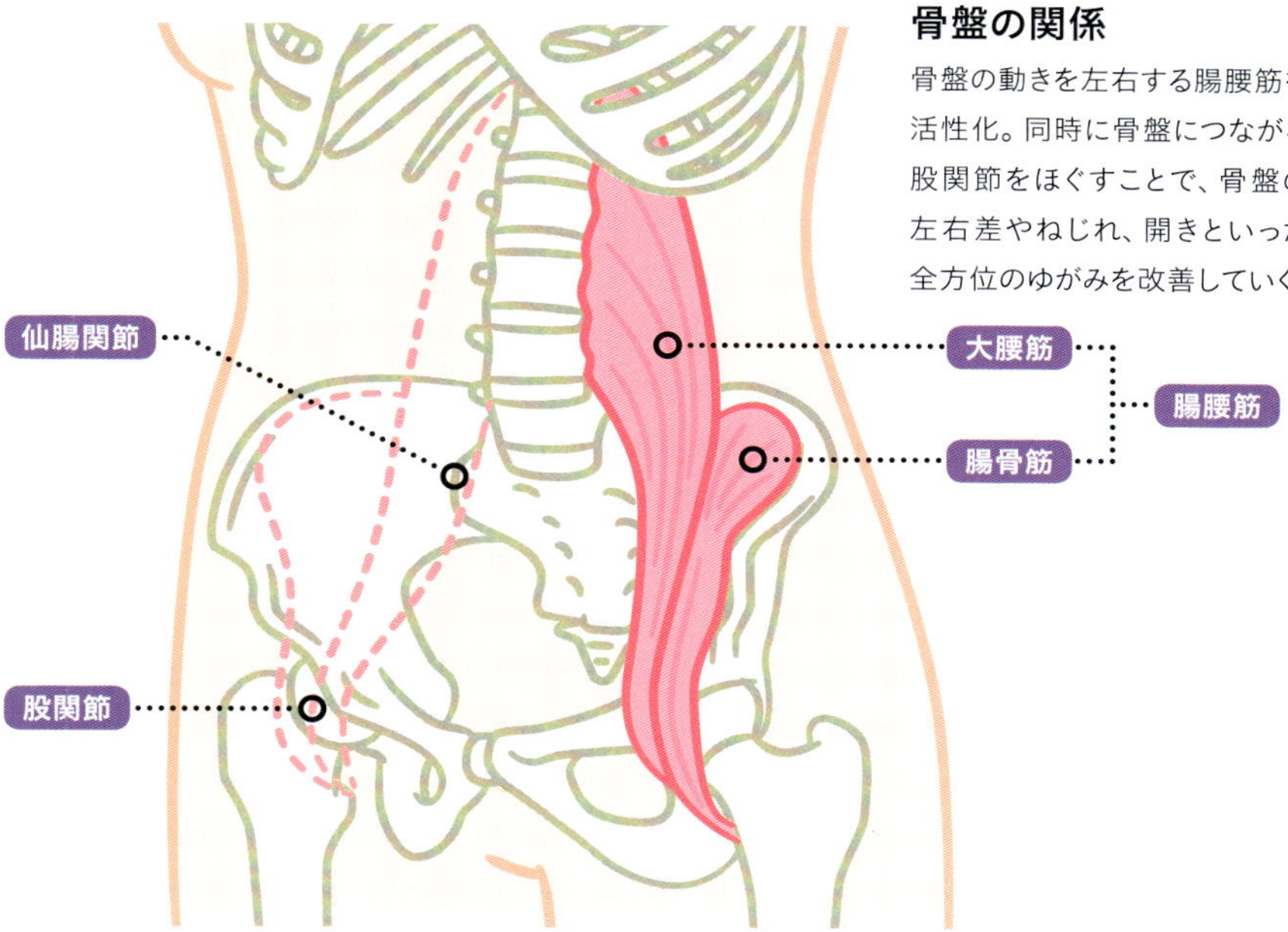

ようと、仙腸関節が必要以上に動いてしまいます。仙腸関節がグラつくと、腰痛を引き起こす可能性が高くなり、また骨盤が開きやすくなる、ゆがみが悪化するなど、ボディラインが崩れる原因にもなります。

一方、股関節が動かなくなればそけい部が硬くなります。そけい部が硬ければ脚が動きにくくなり、ますます股関節が動かなくなるという、悪循環に陥ることに。**おしり筋伸ばしでは、そけい部を伸ばし、硬くなった股関節をほぐすことで、股関節と仙腸関節の役割を本来の役割へと戻します。**これにより、骨盤のゆがみも整います。

おしり筋伸ばしは、腸腰筋、股関節、そけい部など骨盤矯正に効くさまざまな部分を一つの動きで刺激できるから、するするきれいにやせられるのです。

放置すると なってしまう!? ゴリラ姿勢への 逆戻りを 断固阻止

気を抜くと
老け見えまっしぐら！

おしり筋は、意識して動かさないとなまけてしまいます。というのも、おしり筋がなくても立つ、歩くといった日常の動きは何の問題もなくできるからです。

しかしその場合、背中は丸まり、肩が前に出てひざが曲がった、まるでゴリラのような姿勢に近づいていくでしょう。また、前かがみでパソコンやスマホを触る、背中を丸めて座るなど、**体の前面だけ使う動きが多いことも、猫背、巻き肩姿勢に拍車をかけています。**

ゴリラやチンパンジーから進化してきた私たちにとって、実は**猫背、巻き肩のゴリラのような姿勢は、生理学的には自然な姿勢**です。ですが、美容的に美しい姿勢とはいえません。

骨盤の傾きや脚の長さの左右差など、体のゆがみも放置すれば悪化します。そのわけは、体

生理学的姿勢vs美容姿勢
決め手になるのはおしり筋

筋肉が落ちれば背中は丸まり肩は前に出て、ゴリラのような前のめりの姿勢になっていく。運動不足だと姿勢が悪くなり、体がゆがむのは生理学的に自然なこと。美姿勢を保つには、おしり筋を伸ばしてやせコアを鍛えるのが近道！

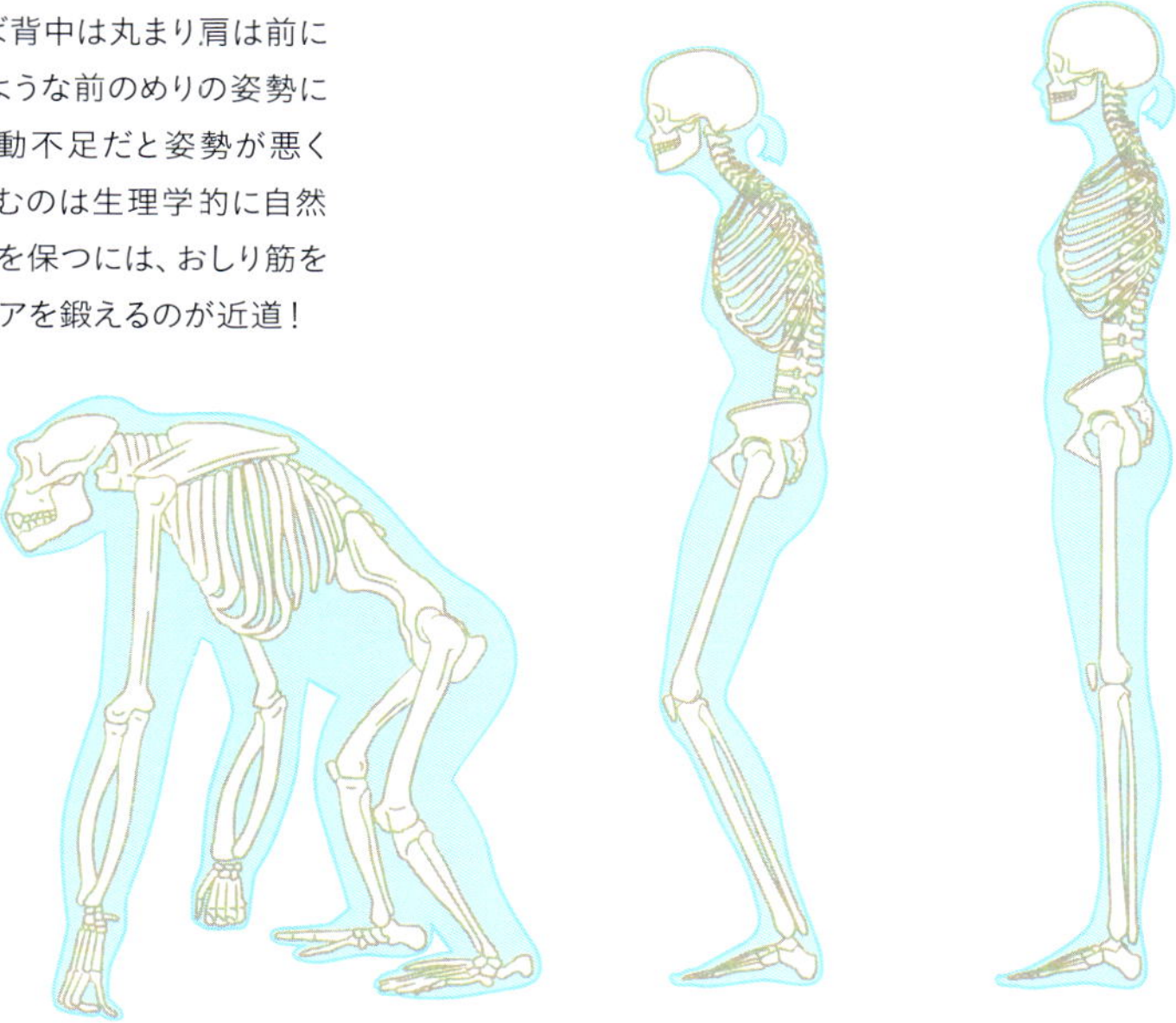

はゆがむようにできているからです。

ゆがみの原因には、利き手ばかり使う、同じ方向に脚を組むといった動きのくせがあげられますが、それだけではありません。心臓や腎臓など片側にしかない臓器があることや、血液が常に一定方向に流れているなど、体のつくりからして左右対称ではないことも要因です。

つまり年を重ねるほど背中が丸くなり、おなかがたるみ、ゆがみが悪化してひざや腰が痛くなるというのが、あるがままの姿ということ。

それにあらがう方法が筋肉を働かせること。中でも2本足で立つために発達させてきたおしり筋は、美姿勢をつくる最も重要な筋肉です。**おしり筋を働かせ、やせコアを活性化させることで、いくつになってもピンと背中の伸びた若々しい姿勢をキープできるのです。**

やせコアを鍛えることで腹圧スイッチをオンにする

まずはおなかから
やせるのよ

「おしり筋伸ばしをしたらおなかはスルスルやせたのに、二の腕がまだ太いままです」といったお悩みを相談されます。実はこれ、ダイエットがうまくいっている証拠！

おしり筋伸ばしでは、体の深層にあるやせコアを鍛えます。すると引き締まったやせコアによって、おなかの中で内臓を包んでいる「腹《ふく》腔《くう》」という大きな袋に圧がかかります。空気が抜けかけた風船を手でつかむと張るように、**腹腔もやせコアで押されるとパンッと細く縦長に張ります。これが「腹圧が高まった」状態。体の中に芯が通り、くびれがつくられる**のです。

腹圧が高いと、美姿勢が定着。また、みぞおちから脚が生えているイメージで歩く、肩甲骨から腕を動かすというように、手先だけでなく体幹の力を使って動けるようになるので、消費

腹圧が高まり
体幹に芯が通る

やせコアを鍛えることで、おなかの中にある腹腔という袋を周囲から圧迫。腹圧が高まり、体幹の芯が安定する。美姿勢をキープしやすく、常に体幹の力で動けるようになり、ダイエット効果もアップ！

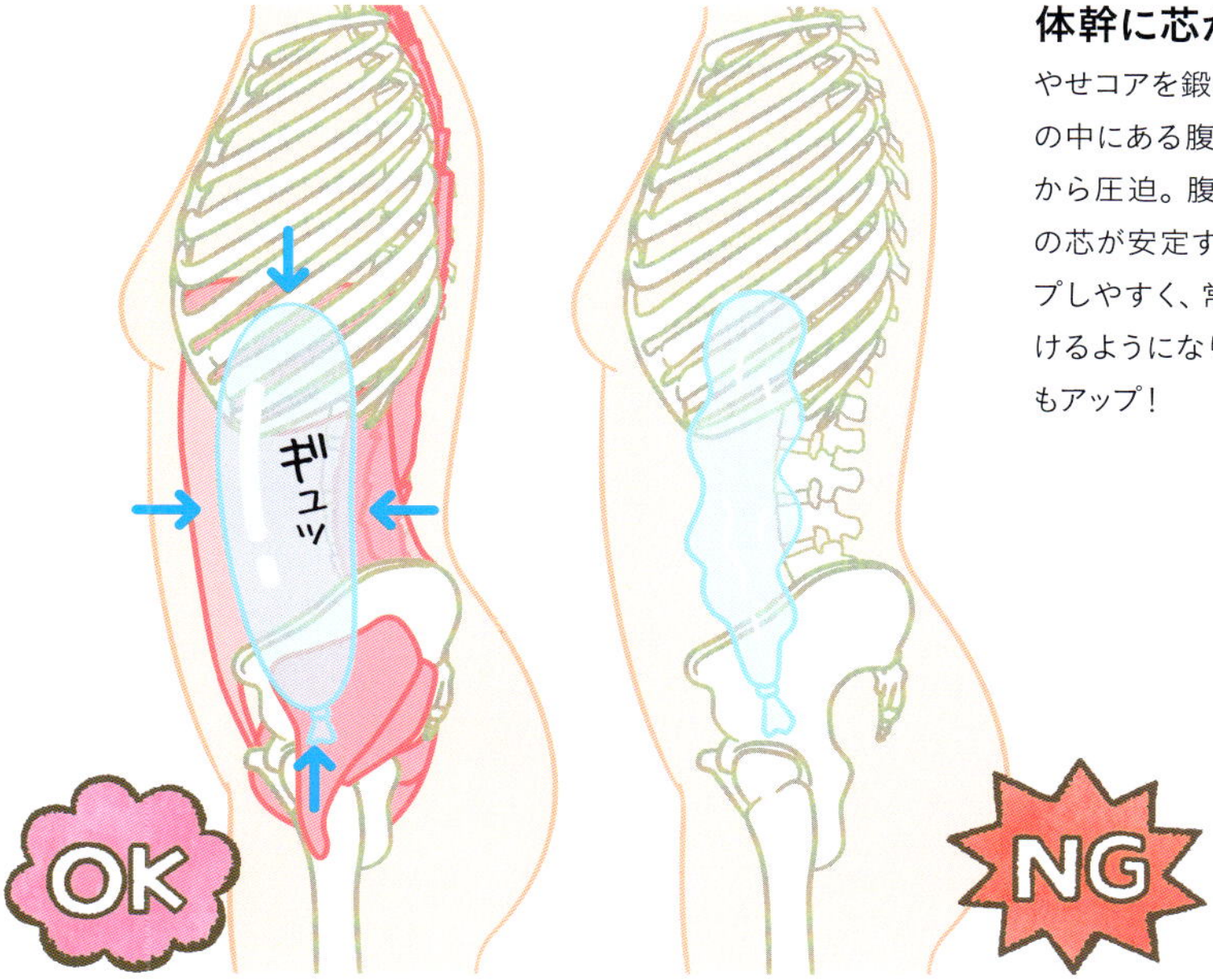

エネルギーも高まり、やせやすい体へ変わっていくのです。

腹圧は、重いものを持ち上げようと下腹に力を込めるときなど、瞬間的に高くなることがあります。ただし、それをキープすることはほぼ不可能。しかしおしり筋伸ばしでやせコアを鍛えれば、無意識のままに腹圧が高い状態を維持できるのです。

腹圧が高ければ、真っ先にやせるのはおなかまわりです。おなか→おしりや背中→太もも→腕やふくらはぎというように、おなかから近い順にやせやすくなります。おなかから一番遠い二の腕がやせるのは最後になることが多いのです。美姿勢をキープできれば、全身の筋肉がなまけることなく使われるようになるので、続ければ腕も必ずやせていきます。

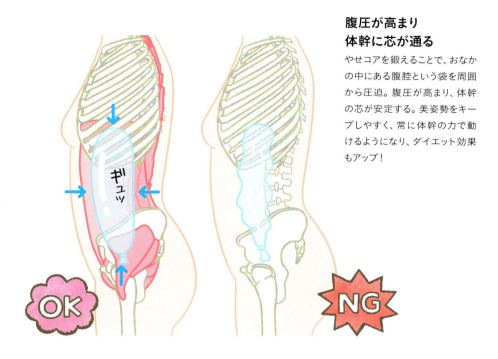

PART 3

なりたいボディ別
おしり筋伸ばし

「タレじりを引き上げたい！」
「太ももの左右のすき間をつくりたい」
など、お悩み別に特化した
おしり筋伸ばしで、
理想のパーツづくりにトライ！

下腹にあこがれの縦線を

四角お絵かき

4か所の角ごとに動きを止めることで下腹全体をまんべんなくトレーニング。

1分

目安

左右4周

1 あおむけになり両足を浮かせる

あおむけに寝て股関節とひざを曲げます。おなかに力を込めて脚を上げ、腰が床から大きく浮かないように注意。手は手のひらを天井に向けて顔の横に。肩は床につけたまま下げ、首を長くしておきます。

下腹で足先が
見えない毎日とは
オサラバ！
両足をそろえる
腰を反らしすぎない
腰が浮きやすい人は手をおしりの下に入れる

手を入れると肩が痛い人はタオルを入れてもOK。

動きが
難しい人は

ここに効く！

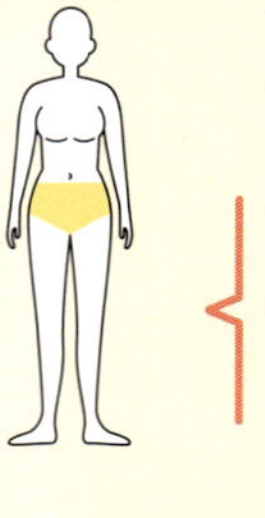
下腹

動画でチェック

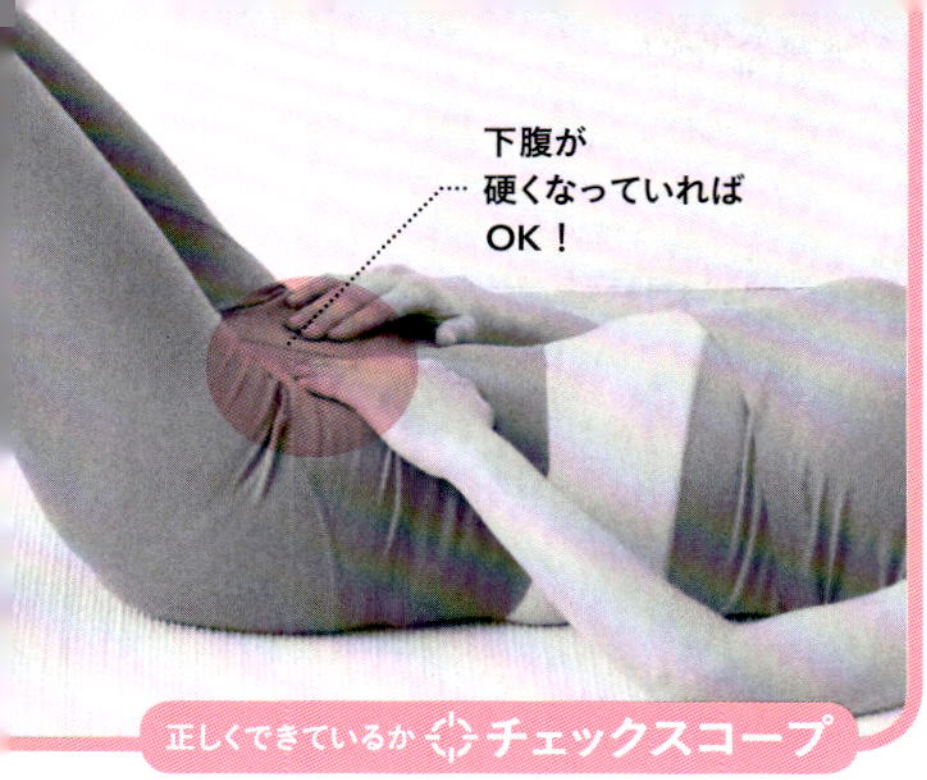
下腹が
硬くなっていれば
OK！
正しくできているか チェックスコープ

2 足先を動かして宙に四角を描く

ゆっくりと足先を右へ動かしてストップ。次に下ろしてストップ。左に動かしてストップ。上へ動かしてストップと足先で宙に四角を描きます。勢いで動かさずおなかの力でジワジワと。1周したら反対回りも行います。

ギュッ
ギュッ

Level up!

ひざを伸ばして四角お絵かき

慣れてきたらひざを伸ばして、大きな四角を描いて。下腹への負荷が高まります。

角でしっかり止めず円になってはダメ!

NG

下腹&尿もれにWで効く

あおむけがえる

脚の重さに対抗する力が膣にかかり、
年齢により衰えやすい骨盤底機能を再生！

1 ひざを外に開き 左右のかかとをつける

あおむけに寝てひざを左右に倒し、股関節を広げます。左右のつま先を広げて、かかとをつけましょう。手は内ももに置き、軽くつかみます。

1分

ひざを立てて
寝た姿勢からスタート
START

ひざは脱力させておく

キュッと締めて
1ccももらしません！

ここに効く！

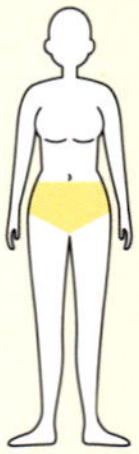

- 骨盤底筋群
- 下腹

動画でチェック

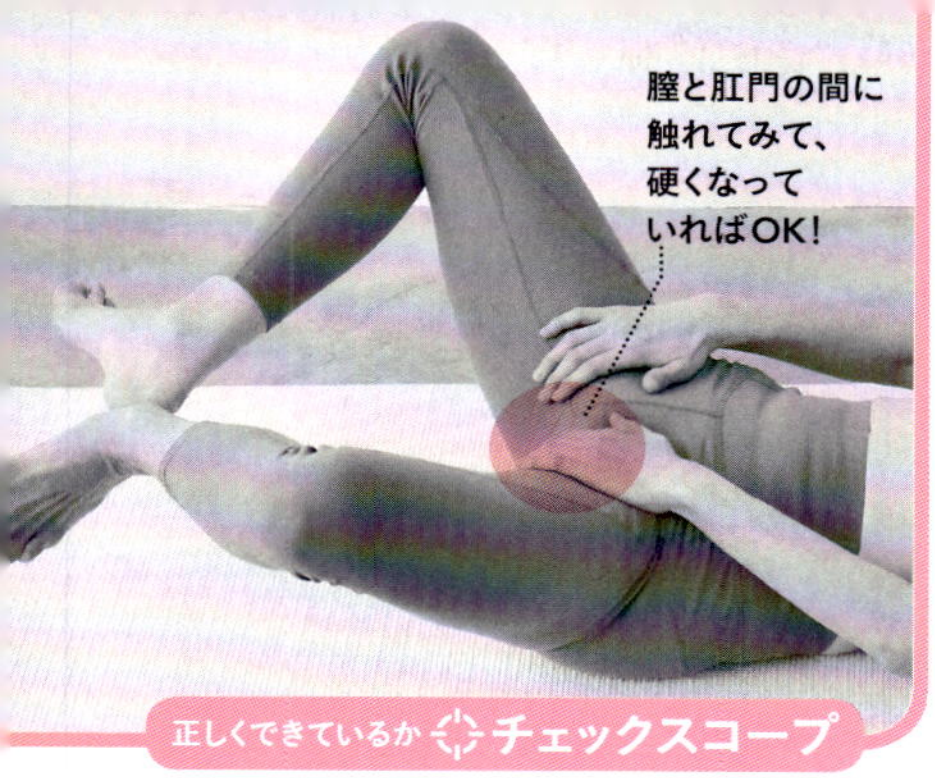

2 足を床から浮かせ上下する

床からかかとを浮かせて上下に動かし、膣から骨盤底筋群を刺激しましょう。息を吸いながらかかとを上げ、吐きながら下ろす動きを1分くり返します。休みながら細切れに行ってもOKです。

Level up!

手の支えを外す

手を顔の横に置きます。手のサポートがなくなる分、膣にかかる力もアップ!

ひざを閉じると脚の力を使ってしまう!

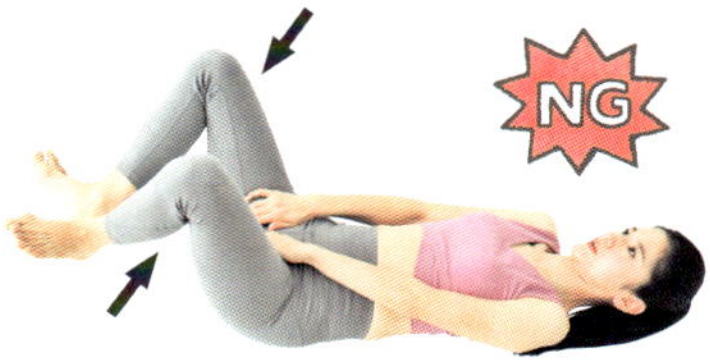

腰のわき肉を撃退！

起き上がり側屈

「しっかり伸ばす」➡「起き上がりながら縮める」動きで体のサイドを刺激します。

1 体を真横に倒し10秒キープする

壁に左手をつき、足を開いて立ちます。左手で体を支えながら左に上体を倒します。「右手を壁につけよう」と意識することで、体の右サイドがグーンと伸びるはず。その伸びを感じながら10秒キープしましょう。

左右各
1分
目安
各3～5回

壁につかなくてOK
のび～
ギリギリ壁につく距離に立つ
右足はしっかりと踏ん張る

パンツからハミ出した肉、
ベルトに乗ってない～？

ここに効く！

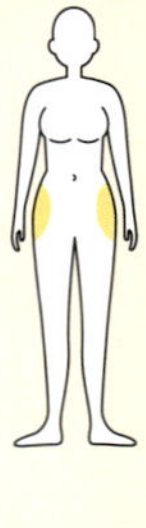

●腰のわき肉

動画でチェック

体側が
伸びていればOK
正しくできているか チェックスコープ

2 ゆっくりと起き上がる

息を吐きながら上体を起こします。腕から戻すのではなく、腰の中心から動かすと意識することが、わき肉に効かせるコツ。起き上がったら再び **1** の体勢になり、3〜5回くり返します。反対側も同様に行いましょう。

フゥ〜

腰の中心を支点に起き上がる

\ Level up! /

立った姿勢から倒れて起き上がる

両手を真上に伸ばした姿勢からスタート。ゆっくり壁に向かって倒れる動作を最初に入れると効果倍増！

ローライズだって怖くない！

浮き輪肉ツイスト

おしり筋を土台にして体を安定させ、おなかをひねって腰まわりをギュギュッと絞ります。

1 脚を前後に大きく開く

真っすぐに立ち、両手を腰に当てます。そのまま左足を大きく前に踏み出しましょう。続いて左ひざを曲げ、腰を落とします。頭からおしりまで真っすぐキープ。背中を丸めないよう注意します。

左右各
1分
目安
各5～7回

かかとは上げる

背中側の
浮き輪肉にも
効くわよ～

ここに効く！

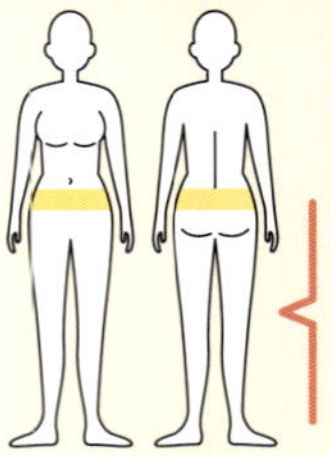

腰まわり

動画でチェック

左腰が縮んで
いればOK
正しくできているか
チェックスコープ

2 ウエストから肩まで左にひねる

息を吐きながら上体を左にひねり、重心を落とします。このとき、おしりから力が抜けると腰ごと左に回ってしまうので注意。吸いながら上体を戻して重心をアップ。5〜7回くり返したら、反対側も同様に行います。

顔は正面に
ヒジは90度に曲げる
こぶしを遠くに
グイン

\ Level up! /

ペットボトルを持つ

左手に500mℓのペットボトルを持つと、ひねる力が強くなります。

顔を下に向けたり腰を丸めたりしない
NG

ぽっこりおなかを引っ込める

人間すべり台

おなかぽっこりの一因は、内臓が骨盤内へ下垂したため。おしりを上げて位置を正します。

1 あおむけになり ひざを立てる

あおむけに寝て、ひざを立てます。左右の足は、骨盤幅に開きましょう。上半身は肩を下げて首を長く保ち、リラックスさせておきます。

1分

目安

2〜3回

内臓下垂を放置すると
便秘も悪化しちゃうわ

壁に足裏をつき尾てい骨を上げ下げする

脚を上げて壁に足裏をつけます。腰を丸めて尾てい骨を浮かせ、20秒キープ。これを2〜3回くり返しましょう。

動きが難しい人は

ここに効く！

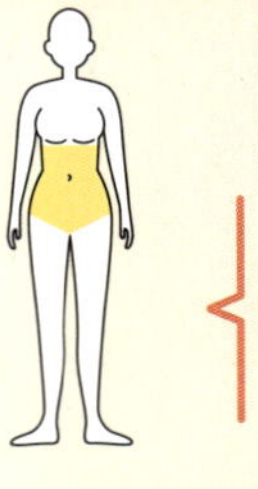

●おなか全体

動画でチェック

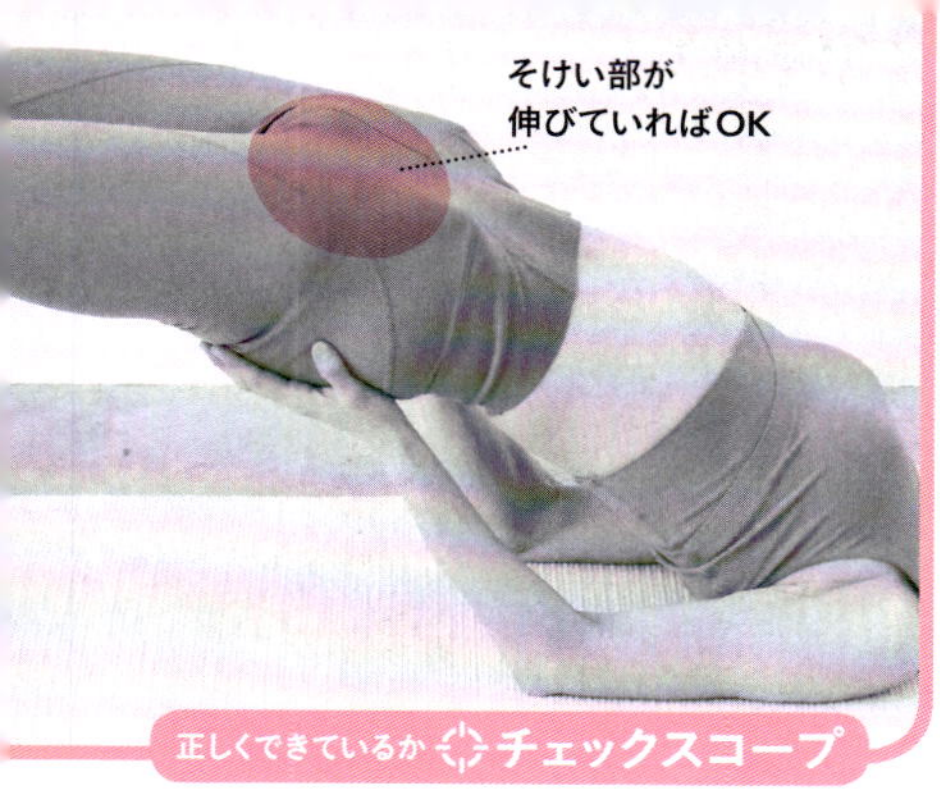

2 おしりを持ち上げ手で支える

息を吐きながら背中からおしりを床から浮かせ、手で支えます。支えがあることで負荷が軽減。腰が反る心配がありません。呼吸をしながら20秒キープ。手を下ろし、息を吐きながらおしりをダウン。2〜3回くり返します。

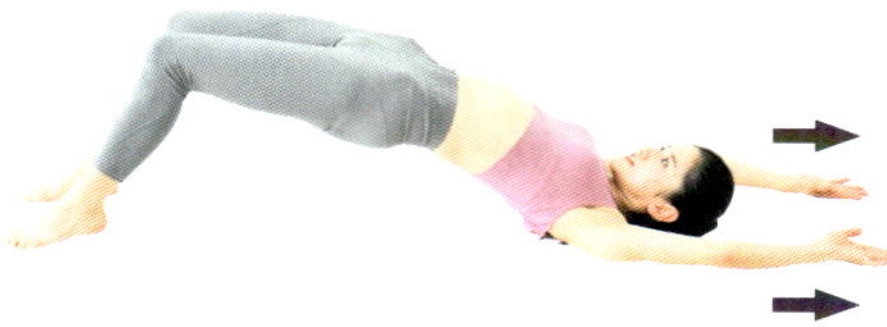

\ Level up! /

手を上げ足を遠くへ伸ばす

肩と足の距離が遠いほど負荷がアップ。慣れたら手のサポートも外し、手を頭の上へ伸ばしてみましょう。

天然のガードルをつくる

くびれdeゴロゴロ

おなかの力で体を回転させ、ウエストを帯状に引き締めます。

1 横向きに寝て手脚を伸ばす

体の左側を下にして横になります。手脚を伸ばし、手先と足先を床から浮かせましょう。右足を左足より長くしようと意識して。グラつくのをがまんして20秒キープしたら、おなかに力を入れながら、ゆっくり前に倒れます。

左右各
1分
目安
各1回

おへそが縦に伸びているとイメージ
足先は浮かせる
ピ～ン
頭は床と水平に
くびれをつくるイメージ
ジワジワ倒れて

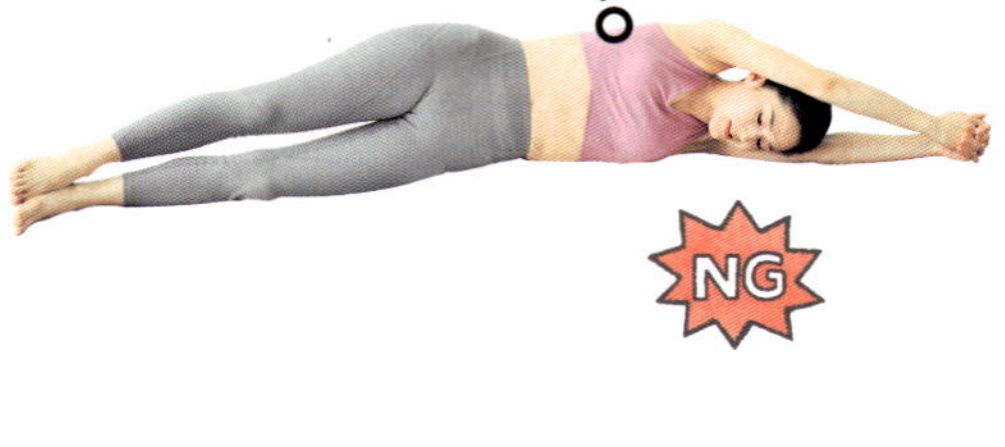
背中を丸めない
NG

ここに効く！

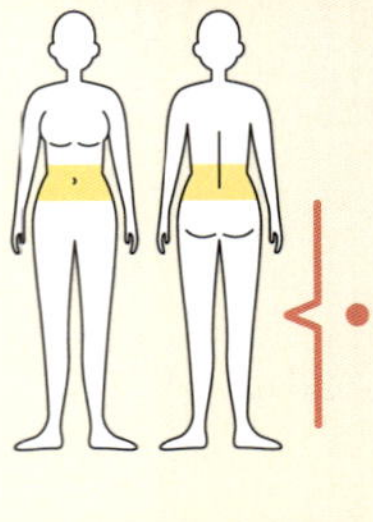

● ウエストまわり

動画でチェック

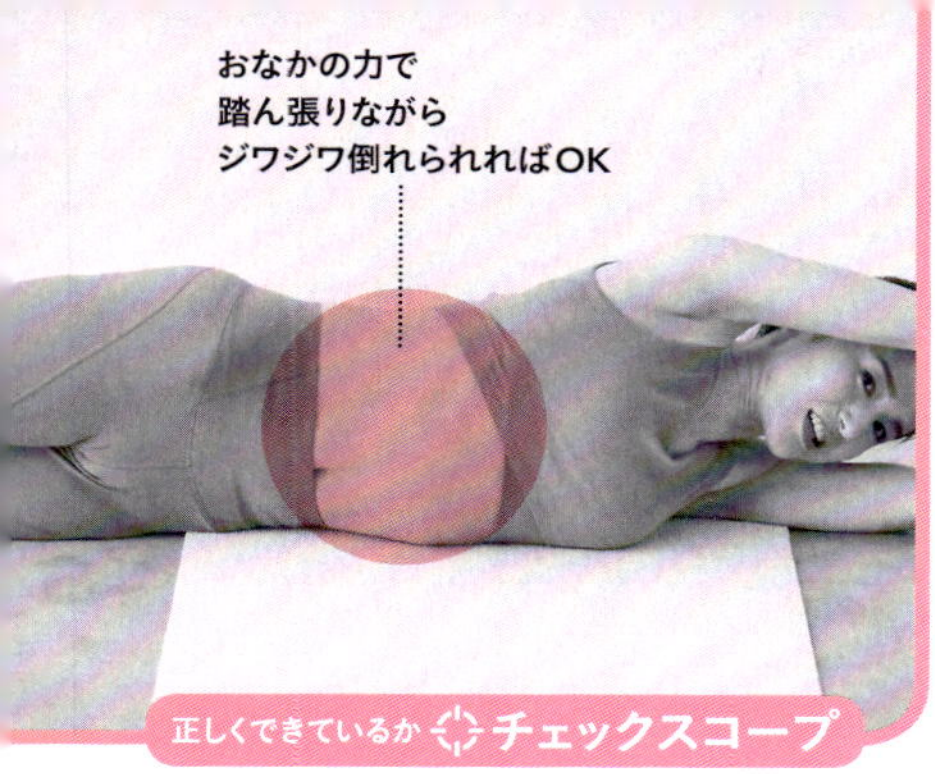
おなかの力で
踏ん張りながら
ジワジワ倒れられればOK
正しくできているか チェックスコープ

2 うつぶせになり 手脚を浮かせてキープ

うつぶせになり、手脚をピーンと伸ばしたまま床から浮かせましょう。おなかの力は抜きません。腰を反りすぎないよう注意すること。20秒キープしたら、体の右側を下にして同様に行いましょう。

ずんどうシルエットから
くびれを削り出そう

ピ〜ン

\ Level up! /

おなかの力で 1周回る

2の姿勢までできたら、くびれをつくったまま、おなかの力でさらに回転。右下横向き➡あおむけになります。さらに逆回転して元の姿勢に戻りましょう。行き帰りを1分かけて行います。

O脚が真っすぐ美脚に変身！

足上げしゃちほこ

O脚は脚が太く見え、体のゆがみを悪化させることも。内ももの筋肉を刺激して改善します。

1 うつぶせになり 足先でタオルをはさむ

バスタオルを用意。長さ30㎝ほどに折りたたんでから丸めます。うつぶせになり、足先でタオルをはさみましょう。ひざ近くではなく、足首から足先で支えるのがコツです。ひじは曲げて手を床につき、頭は軽く持ち上げます。

1分

目安 3～5回

放置すると
どんどんひざが
広がるよ

肩が上がらないように
目線は下に

肩が上がりやすい人はおでこの下にタオルを入れる

動きが難しい人は

ここに効く！

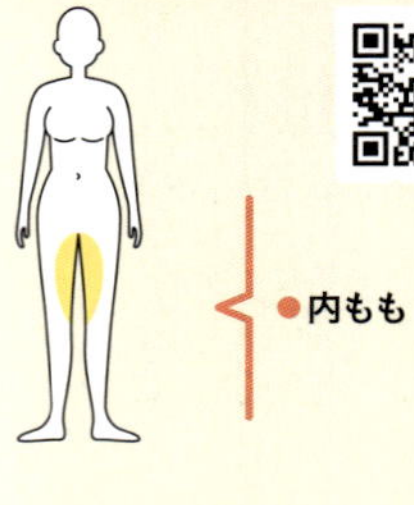

●内もも

動画でチェック

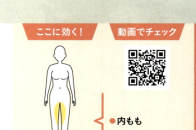

内ももが締まる
感覚があればOK
正しくできているか チェックスコープ

2 タオルを落とさないように足を引き寄せる

息を吐きながら足先をゆっくりと引き寄せ、息を吐いて足を戻します。タオルを落とさないように意識すると、内ももに力が入るはず。恥骨を床に押しつけると、腰を痛めません。3〜5回くり返します。

頭は上げたままキープ
おしりを締める
遠く〜
おなかを締める

Level up! ひざを浮かせたまま曲げ伸ばしする

ひざを浮かせた姿勢からスタート。足を床につけず、浮かせたままひざを曲げ伸ばしします。

ひざを深く曲げすぎない

NG

外もものハリを取る

壁くの字

日常の動きで張りやすい外もも。
伸ばして、太ももの横幅をスリムに。

左右各
1分

1 壁に手をつき 右足を1歩出す

腕を伸ばし壁に手をついて立ちます。手のひらをベタッとつけず、指先が軽く触れる距離に調整して。あごを軽く引いて背筋は真っすぐに。そのまま右足を1歩前に出しましょう。

腕は肩の高さに
外重心だと太ももが横に
張り出していくの

ここに効く！

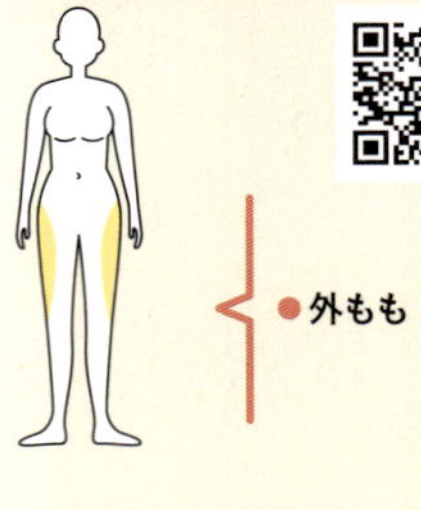
●外もも

動画でチェック

2 左ひざを曲げ 右のおしりを突き出す

息を吐きながらゆっくりと左ひざを曲げます。このとき、おしりの力が抜けていると腰が左に回ってしまうので注意。右のおしりを突き出すと意識することで、右外ももが伸びます。呼吸しながら1分キープしたら反対側も同様に行いましょう。

\ Level up! /

足裏を床からはがす

2で右足裏を床からはがし、左手を下げて上体を右へひねります。外ももから右のおしりがさらに伸び、内ももにも刺激が入ります。

おしりと太ももの境目くっきり

ひざ上げ屈伸

足を体の後ろに引く動きで、おしりとハムストリングを同時に鍛えます。

左右各 **1**分

目安 各5〜7回

1 いすにひじをついて右ひざで立つ

いすに右ひじをつき、床に右ひざをつきます。左脚はピンと伸ばしておきましょう。おなかとおしりから力が抜けると背中が丸まるので注意。右ひじに体重をかけるのではなく、体幹の力で真っすぐにキープします。

もう、長めチュニックで
おしり隠さない〜！

ひざが痛い人はタオルを敷く

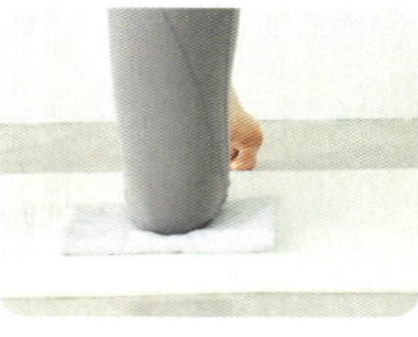

ここに効く！

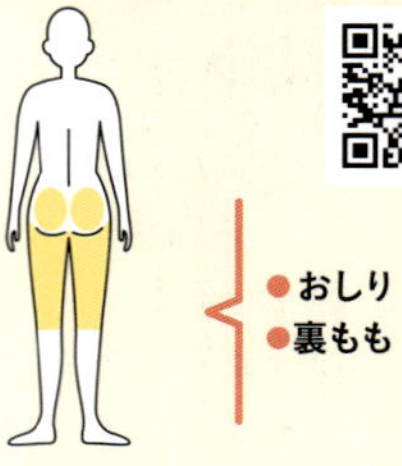

●おしり
●裏もも

動画でチェック

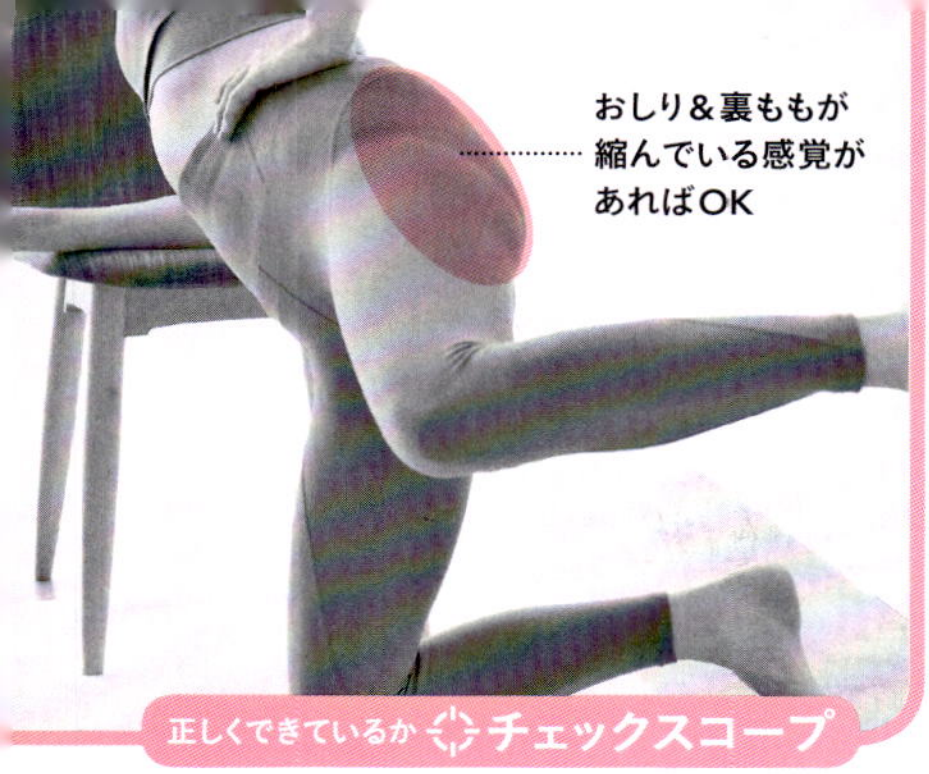
おしり＆裏ももが
縮んでいる感覚が
あればOK
正しくできているか チェックスコープ

2 ひざを曲げて足を上げる

息を吐きながらひざを曲げてかかとをおしりへ近づけ、吸いながら伸ばします。このとき、ひざが体より前に出ると前ももが鍛えられてしまうので注意。5〜7回曲げ伸ばしたら反対側も同様に行います。

キュッ

\ Level up! /

足を浮かせたまま ひざを回す

ひざを曲げ脚を床と水平にした姿勢からスタート。ひざで円を描くように股関節から脚を大きく回します。

ひざを前に出さない
背中を丸めない
NG

太ももの間にすき間をつくる!

壁フィギュア

上げている脚&軸脚の両方を刺激。
太もものたるみを解消しスラリ美脚に!

1 壁に手をつき上体を倒す

壁の前に立ちます。腕を真っすぐに伸ばして体を倒しながら、壁に手をつきましょう。手のひら全体をつけるのではなく、指先だけつけて壁を軽く押します。

左右各 **1**分

ひじは真っすぐ伸ばす

パンツの内ももが擦れて薄くなるのイヤ〜!!

ここに効く!

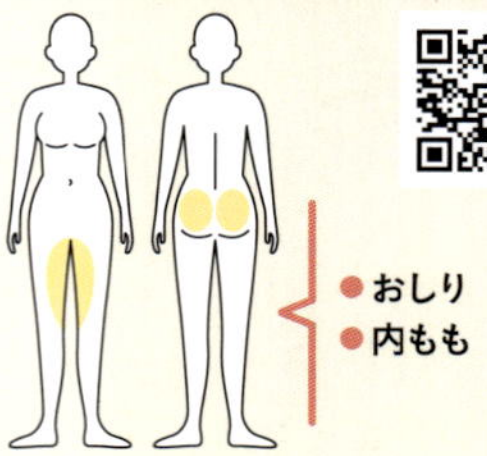

おしり
内もも

動画でチェック

軸足の裏ももが
ビリビリすればOK
正しくできているか チェックスコープ

2 右足を上げて 体を一直線にキープする

右脚を真後ろに上げます。床と水平の高さまで上げ、体を一直線に。手で壁を押す力と、右脚を伸ばす力が引き合うのを感じながら、1分キープします。キツければ途中休憩を入れてもOK。反対側も同様に行います。

ピ～ン

\ Level up! /

上体を 真横にひねる

2の姿勢から左手を下ろし、上体を右へひねります。骨盤を床と垂直にして1分キープしましょう。

上体は倒さず脚を45度に上げる
45度
動きが
難しい人は

ハミ肉スッキリの美背中に

背中でタオルバトン

背中の筋肉を使う感覚がつかめるので猫背も改善。二の腕やせにも効果あり！

1 うつぶせになり背中側でタオルを持つ

タオルを2枚用意。1枚はたたみ、うつぶせになって胸の下に敷きます。もう1枚は長く伸ばして背中へ渡し、左右の手でそれぞれはじを持ちましょう。手のひらを上に向け親指でタオルをはさみます。

1分
目安
3〜5回

胸の下に
タオルを敷いて準備
START

頭は軽く浮かせる
手のひらは上向きに

背中に肉がつくと
老け見えしちゃう

ここに効く！

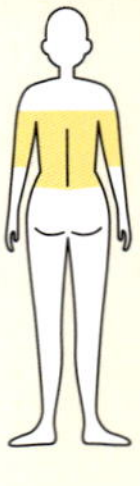

- 背中全体
- 二の腕

動画でチェック

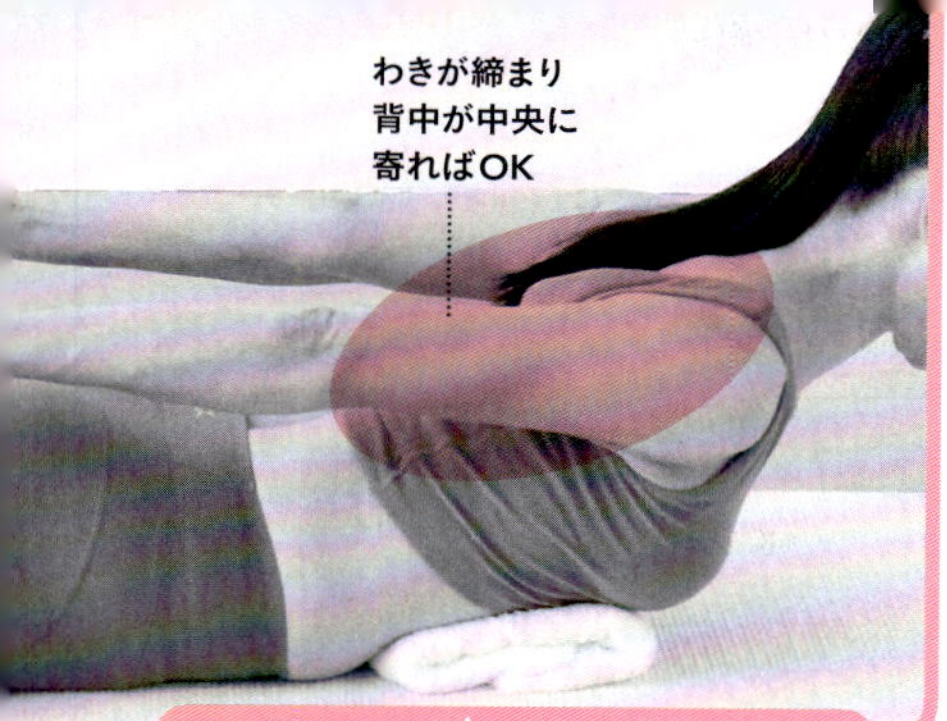
わきが締まり
背中が中央に
寄ればOK

正しくできているか チェックスコープ

2 腕を上げてキープする

息を吐きながら、床と水平になるまで腕を上げます。後ろの人にタオルのバトンを渡すようなイメージを持つこと。呼吸しながら10秒キープし、吸いながら下ろします。3〜5回くり返しましょう。

受け取って〜

Level up!

胸下のタオルを外す

タオルのサポートなく上体を上げるには、背筋の力が必要。慣れたらタオルなしでトライ！

NG

頭を下げない

肩と足を上げない

スラリふくらはぎ＆足首キュッ

足トライアングル

ひざを伸ばして軸バランスをとり、ひざ下の筋肉を刺激。かかとの高さで効かせる部位が変わります。

1 後ろ足のかかとを3cm上げてキープ

真っすぐに立ち、右足を前、左足を後ろへ引いて前後に大きく開脚します。手はおしりに当て、おしりを締めること。後ろ足のかかとを3cmほど床から浮かせてそのまま30秒、キープしましょう。

左右各 1分

3cmアップで
ヒラメ筋に効く！

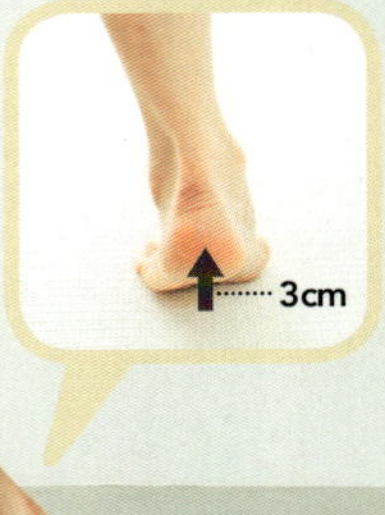

左右の足は一直線に

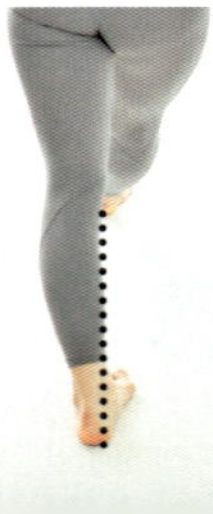

左右のかかとのラインが一直線上になるよう、足を開いて。

ここに効く！

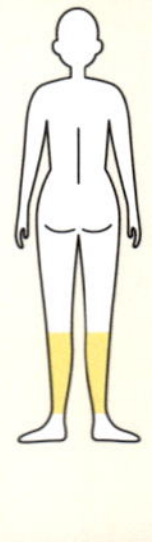

動画でチェック

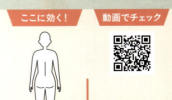

ふくらはぎが
おしりの力で
引っ張られて
いればOK
正しくできているか チェックスコープ

2 後ろ足のかかとを 5cm上げてキープ

続いてかかとをもっと高く、床から5cm浮かせて30秒キープします。おしりが脱力するとラクラク上がってしまいます。ギュッと力を込め、ふくらはぎの伸びを感じながら浮かせること。反対側も同様に行います。

のび～
5cmアップで
腓腹筋に効く！
5cm

\ Level up! /

「入」の形になる

体を斜めに倒して手を後ろに伸ばし、「入」のような形でかかとを3cmアップ、5cmアップにトライ。さらに伸びがよくなります。

ふくらはぎは鍛えるより
伸ばすことで細くなるのよ

目的別

おすすめプログラム

メリハリボディライン コース

P62 起き上がり側屈

⇐

P76 壁フィギュア

⇐

P64 浮き輪肉ツイスト

＝

ペタ腹＆くびれ徹底引き締め コース

P76 壁フィギュア

⇐

P64 浮き輪肉ツイスト

⇐

P36 座ったままバレリーナ

＝

美脚づくり強化 コース

P72 壁くの字

⇐

P76 壁フィギュア

⇐

P80 足トライアングル

＝

「基本の壁呼吸＋やせコアを鍛える3種類のおしり筋伸ばし＋
PART3から気になる部位のエクサを選ぶ」のがベースプログラム。
慣れてきたら、目的別プログラムにも挑戦してみて。
やせスピードを上げたい人は、各エクサをレベルアップバージョンに！

P40 フリフリおしり倒し

P66 人間すべり台

P68 くびれdeゴロゴロ

P78 背中でタオルバトン

P58 四角お絵かき

P60 あおむけがえる

P66 人間すべり台

P68 くびれdeゴロゴロ

P74 ひざ上げ屈伸

P44 足クレーン

P70 足上げしゃちほこ

P78 背中でタオルバトン

PART 4

おしり筋伸ばし もっと効かせる Q&A

「どうやったら早く結果が出る?」

「痛みがあるから心配……」

など、ダイエットや不調、
美容の疑問にお答え。

解決策と併せて紹介します。

Q おしり筋伸ばしを1週間続けても変化がありません……

筋膜のほぐし方

おなか

タオルローラーをゴロゴロ当てる

うつぶせになりタオルローラーをおへその下へ。体の重さでローラーを押しながら、みぞおちからへそ下にかけてタオルローラーをゴロゴロ転がしましょう。1分続けます。

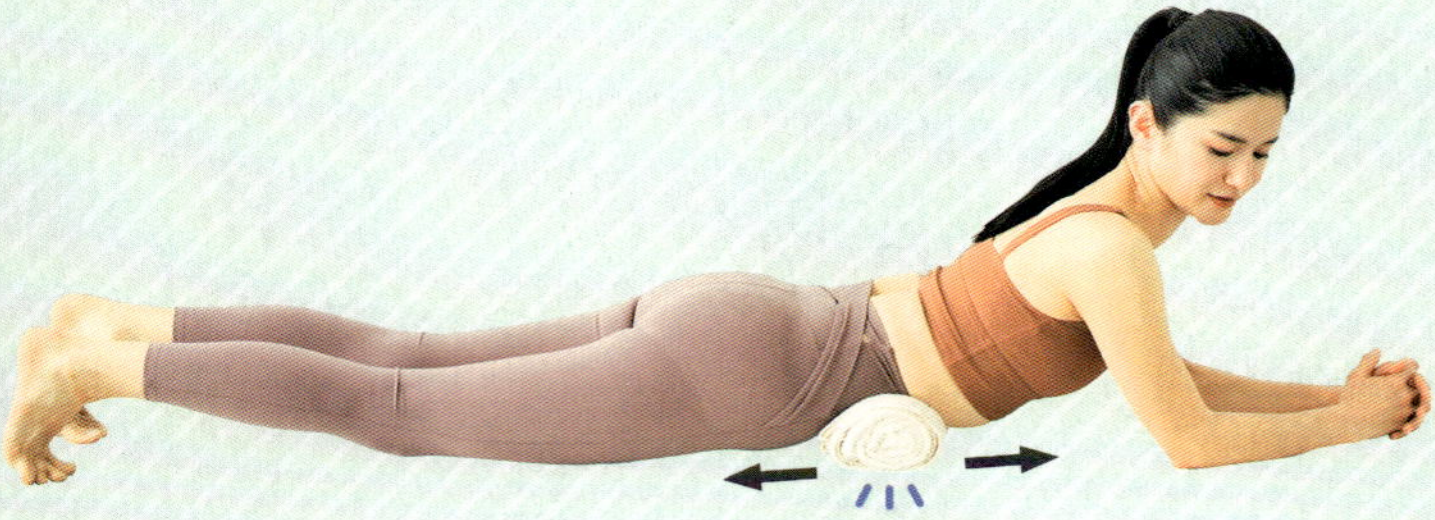

外もも

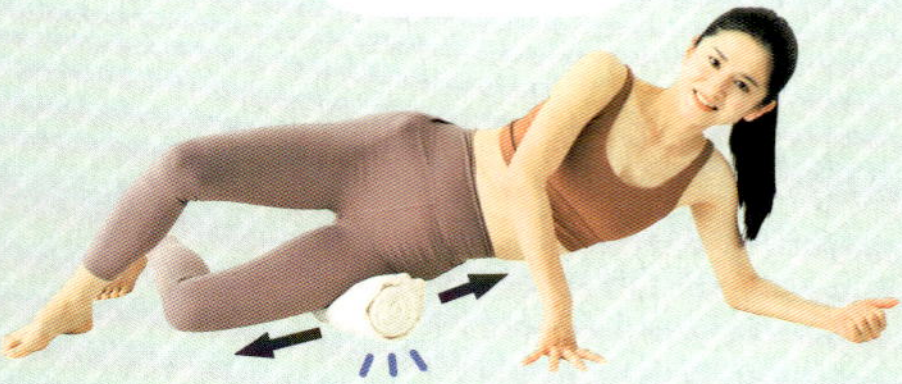

左側を下にして横向きになり、左の外ももの下にタオルローラーを入れます。タオルローラーを押し当てながら体を上下に動かし、ひざ上から腰まで刺激。1分続けたら反対側も行います。

わき腹

左側を下にして横向きになり、左わき腹の下にタオルローラーを入れます。左腕と右脚で体を支え、タオルローラーを押し当てながら転がしましょう。1分続けたら反対側も同様に。

A 筋膜ほぐしを取り入れてみて

筋肉は「筋膜」という薄い膜に包まれており、なまけている筋肉まわりの筋膜は、硬くなりがち。すると、筋肉に刺激が届きません。そこで必要なのが、筋膜をほぐすこと。ほぐすことで体液が集まり、筋膜の滑りがよくなります。筋肉のパフォーマンスが高まり、やせスピードもアップ。

おなかの筋膜は “おなかマッサージ呼吸” でもほぐせる

呼吸を活用して、おなかの筋膜をほぐすこともできます。筋膜ほぐしをしつつ、おなかまわりの内臓脂肪もメラメラ燃やすことができ一石二鳥！

やり方

ひざを立ててあおむけに。上半身はリラックスさせます。鼻から息を吸ったら、口からフッと短く勢いよく息を吐きましょう。吐くときにおなかをグッとへこませるのがコツ。おなかをペコペコ動かしながらリズミカルに1分間。50回を目標に呼吸を続けます。

タオルローラーの作り方

バスタオルをグルグルと丸めて、輪ゴムで3か所止めます。直径10〜15㎝になるようタオルの厚みを調整しましょう。フォームローラーがある人はそれでもOK！

前もも

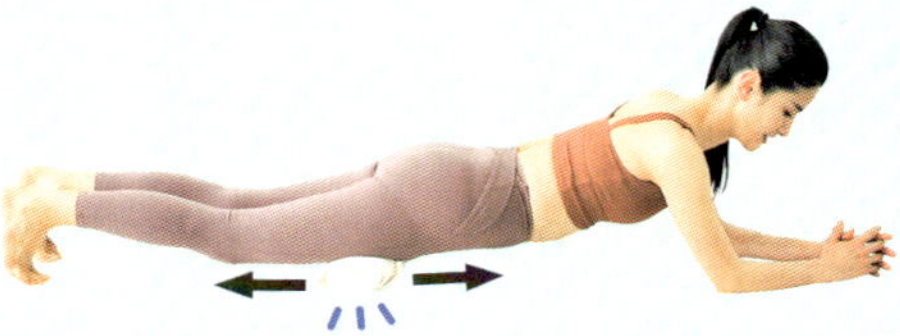

うつぶせになり、左右の前ももに当たるようタオルローラーを入れます。ひじと足先を床について体を支え、タオルローラーを上下にゴロゴロ。前もも全体を1分間刺激します。

Q おしり筋伸ばしの最中、足元がグラつきます

足裏の重心バランスの調え方

足の指をすべて浮かせて3点で立ち壁呼吸

基本の壁呼吸（P.34）を行います。親指のつけ根、小指のつけ根、かかとの3点に体重を乗せましょう。わかりにくければ、足指をすべて浮かせてみて。小指のつけ根が浮きがちなので、小指のつけ根にも体重をかけます。その上で足指を床に下ろすと、正しい重心バランスに。

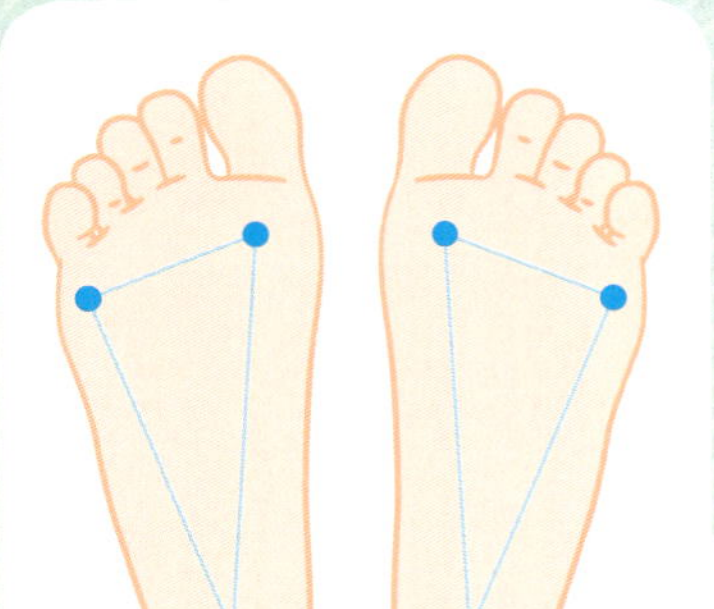

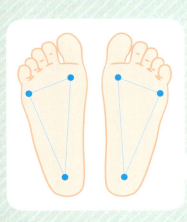

A 足裏をバランスよく使う練習を！

体重は足の親指のつけ根、小指のつけ根、かかとの3点で支えるのが理想。ただしおしり筋を使えないと、バランスが不安定に。足裏がゆがみ、ししゃも脚や太ももの外張りの原因になります。脚がやせにくい人や、エクサでグラつきやすい人は、壁呼吸を使った重心バランス調整にトライ！

靴選びも大事

距骨《きょこつ》を安定させる靴をチョイス

足首の奥にある距骨は、足の骨の支点。甲と靴を密着させることで、距骨のゆがみを防止できます。靴ひもやストラップがあるもの、ヒールがグラつかず安定感のある靴を選ぶのがおすすめ。

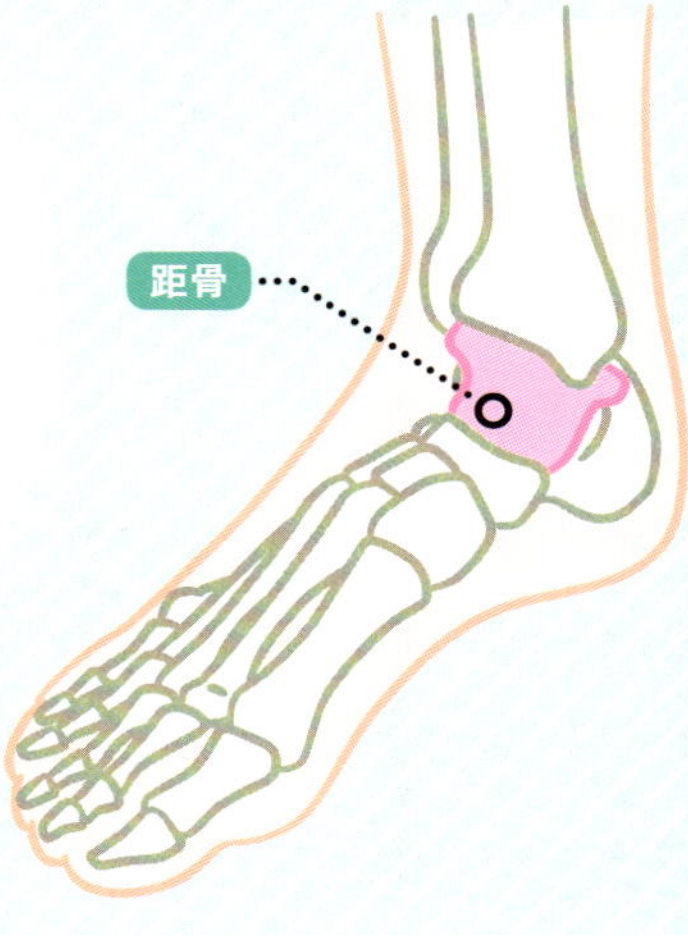
距骨

OK

NG
甲が浅く
脱げやすい
かかとが
グラつく

Q おしり筋伸ばしで腰を痛めないか心配です

腰痛防止策1

仙骨まわりをほぐす

仙骨は、骨盤の中央にある骨。背骨をたどっていくと一番下にあります。ここを中指でグーッと押し込んで刺激すると、おしりの筋肉がほぐれます。テニスボールなどで押してもOK。

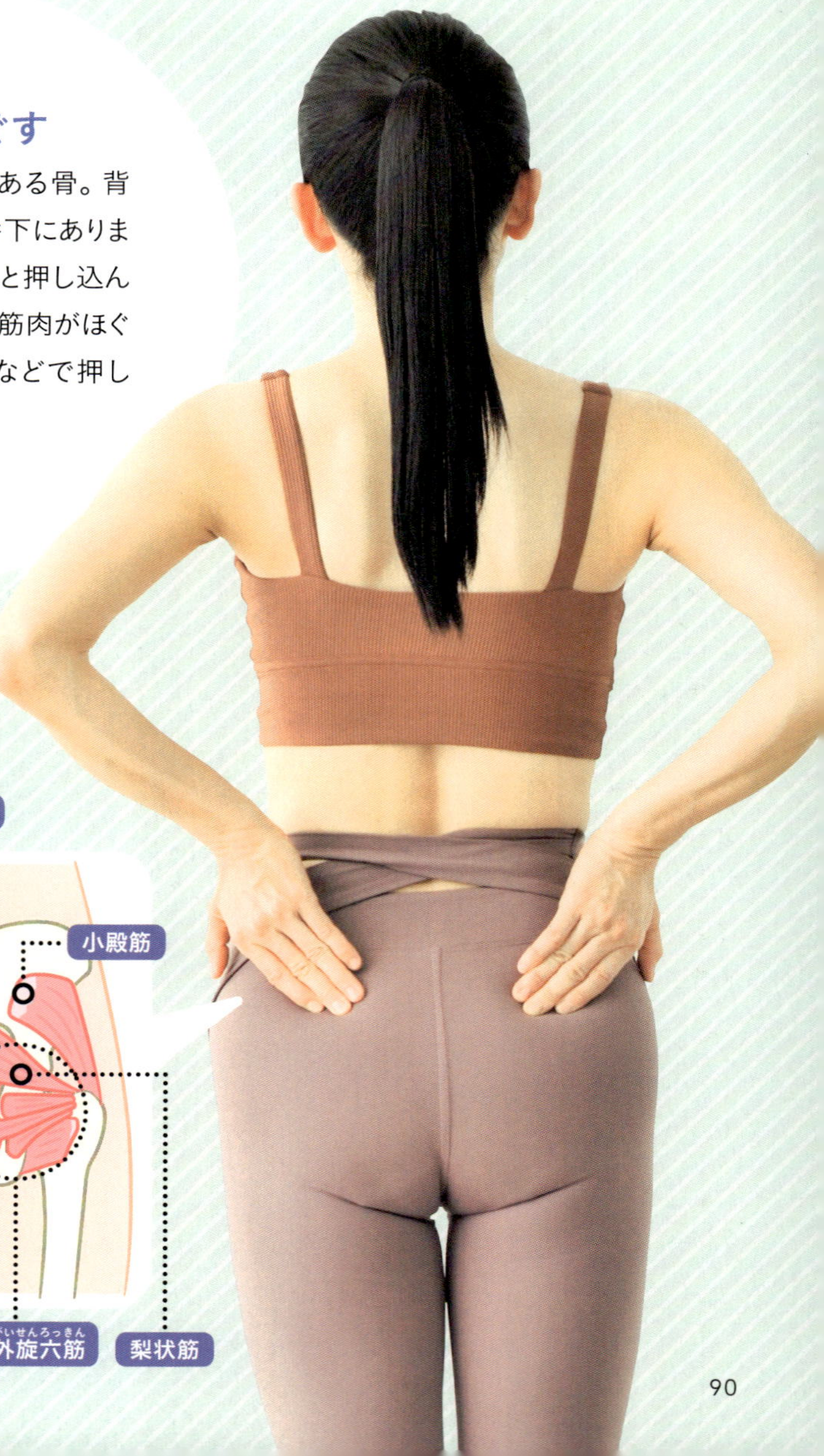

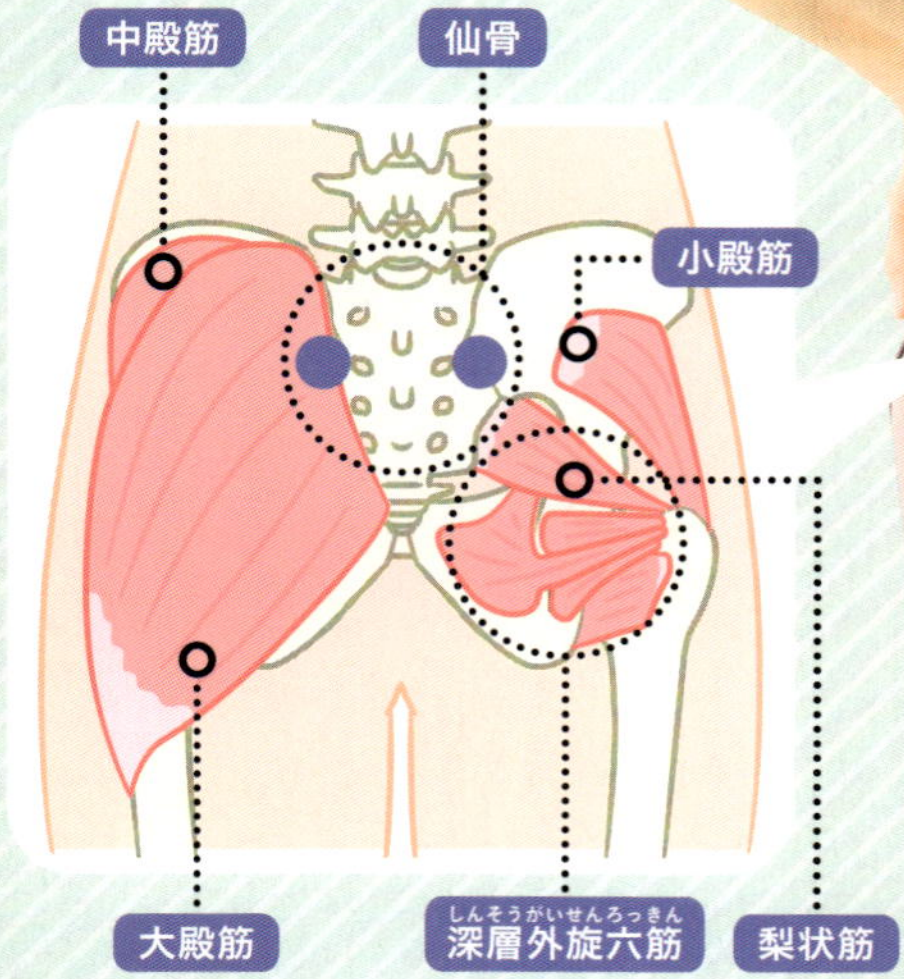

A エクサ前におしり筋の起点をほぐしましょう

腰痛の原因の一つは、股関節の動きが悪いこと。股関節の代わりに腰椎に負担がかかるためです。そのため腰痛の不安がある人は股関節が硬く、おしり筋も硬くなりがち。まずはおしりの筋肉の起点となっている仙骨や、尾てい骨付近をほぐせば、腰を痛める心配を軽減できます。

腰を丸めて
おしりを浮かせて

腰痛防止策2

尾てい骨まわりをほぐす

人間すべり台（P.66）で紹介した、動きが難しい人向けのエクサが、尾てい骨の周辺をほぐすのに最適。あおむけになって足を上げ、壁に足の裏をつけます。腰を丸めて尾てい骨を浮かせて20秒キープ。これを2〜3回行います。

腰痛防止策3

おしり筋伸ばし中、おなかの力を抜かない

おなかから力が抜けると、腰を痛める危険があります。おなかをへこませるように意識しながら、吐く息でおなかに力を込めて動くこと（基本の壁呼吸P.34参照）。また、動きが小さくても、やせコアは鍛えられます。できる範囲でトライを。

Q ダイエットのスピードを速めるには？

おしり歩きのやり方

おしりに手を当て、大またで歩きます。前足はかかとから着地し、後ろ足を蹴り上げましょう。後ろ足を蹴るとき、おしりの筋肉が縮んでいることを意識して。内ももの筋肉である内転筋が使えていればOKです。おしりに押されるイメージで前に進みます。

ゴリラ姿勢にならないように
NG

歩幅が小さいと内転筋を使えず、おしりも縮みません。手が体より前にくると、猫背になりがちです。

A おしり筋を使った「おしり歩き」を取り入れて

ジョギングなどの有酸素運動を取り入れるとダイエットのスピードは上がりますが、おしり筋が使えない状態で走ると、けがをする恐れも。おすすめなのはウォーキング。おしりに手を当てて歩く「おしり歩き」なら、美姿勢や二の腕やせ効果もアップします。

左右それぞれの線上を歩きます

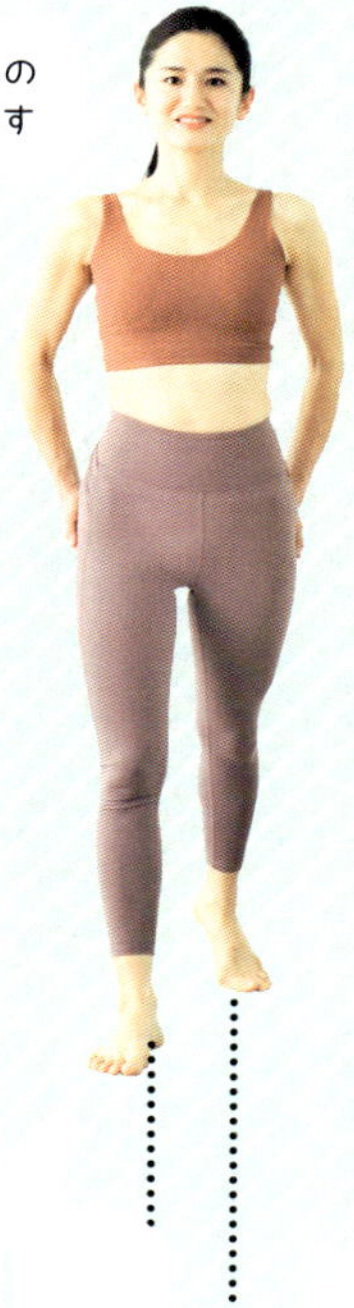

コツ1

腰幅の2本のライン上を歩く

1本のライン上を歩く、モデルのようなウォーキングはキレイですが、内転筋が強くないと、ひざを痛める恐れがあります。最初は、腰幅に引かれた2本のライン上を歩くことをイメージ。できるようになったら、1本線に近づけましょう。

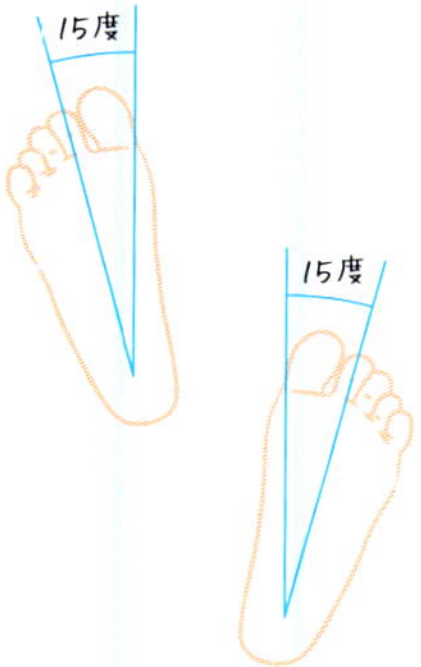

コツ2

つま先の開きは15度

かかと➡小指のつけ根➡親指のつけ根の順で着地し、足裏全体を使って歩きます。かかとと親指のつけ根が同じライン上になり、つま先の開きは15度になるのが理想。これができると自然とひざが進行方向を向きます。

Q おしり筋を使って顔やせやシワ改善できますか？

OK

仙骨が立っている

NG

仙骨が傾いている

Naokoも
美肌なのよ

おしりをキュッと締めて仙骨を立てると、背骨は自然なS字カーブを描き胸がパンッと張ります。

おしりとおなかから力が抜けると、背中が丸まります。胸側の血管やリンパ管を刺激しにくい姿勢。

A おしり筋で仙骨を立たせると デコルテマッサージの効果がアップ

顔まわりをスッキリさせるには、首やデコルテのマッサージが効果的です。このときおしり筋を使って姿勢を正せば、胸が開き、血液やリンパ液が流れやすくなります。胸をしっかり張り、おしり筋を締めて仙骨を立てて座ることがポイント。肌への摩擦がないよう、オイルなどを使いましょう。

顔まわりがスッキリするおすすめマッサージ

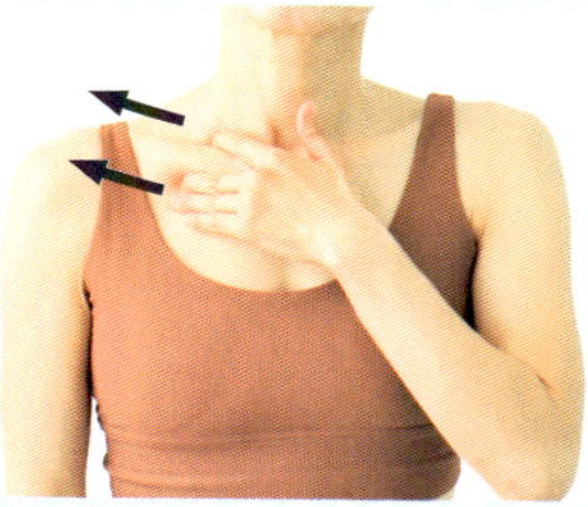

老廃物を流してむくみを解消

鎖骨マッサージ

左手の人さし指と中指で右の鎖骨を上下からはさみます。内側から外側に向かって指を滑らせるように刺激しましょう。1分続けたら反対側も同様に行います。

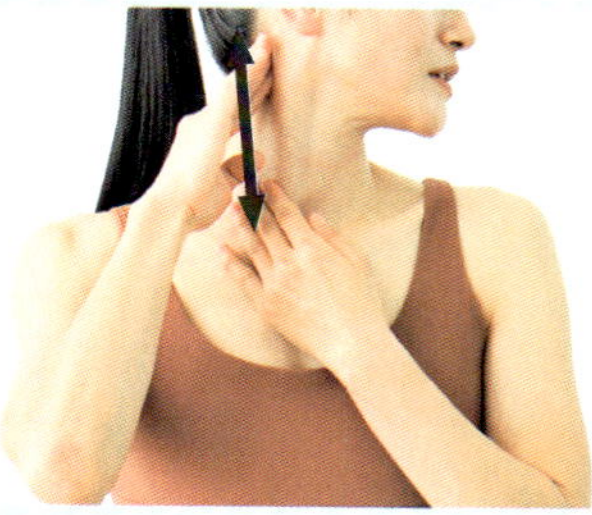

スマホやPC作業の疲れを取り去る

首こりマッサージ

顔を横に向けたとき、耳の下からあごにかけて走っている胸《きょう》鎖《さ》乳《にゅう》突《とつ》筋《きん》をマッサージ。両わきを指の腹で、上へ下へさすり、ほぐしましょう。左右各1分ずつ。

二重あごやフェイスラインのたるみを取る

あご伸ばし

上を向いてあごを伸ばしたまま、口を「う」の形にします。そのまま両手の指の腹を使い下から上へさすり上げます。1分を目安に続けましょう。

Q 肩こりや腰痛などの不調を改善するには？

おしり筋を締めて
おなかに力を込めて

後屈ストレッチはおしり筋を締めないと逆効果に！

腰に手を当て、上体を後ろに反らす後屈ストレッチ。腰痛を和らげる効果がありますが、おしりから力が抜けていると腰を反りすぎて、かえって腰を痛めてしまうことも。しっかりとおしり筋を締めて、息を吐きながら反らしましょう。

腰が反りすぎ
効果なし！
NG

A おしり筋を使って ストレッチなどを行ってみて

腰痛や肩こりのある場合、ストレッチや痛みをかばう動作を行うことが多いですが、中にはやり方を間違えて痛みを悪化させたり、効果がなかったりするものも。おしり筋を締める、普段と逆方向へ伸ばすなどほんの少しの変化をつけることで、痛み軽減につながります。

肩の前面が
気持ちよく伸びる〜
NG

肩こり解消には 腕を背中に回す ストレッチを

腕を胸の前で抱え込む肩のストレッチ。巻き肩が原因の肩こりには、あまり効きません。腕は後ろに引くストレッチが正解。おしり筋を締めて背中を伸ばし、両腕を後ろに。両手で500㎖のペットボトルを持ち、肩まわりを伸ばします。

ひざ痛の人は 前でなく上に立ち上がる

いすから立ち上がるとき、ひざをかばって押さえるのがクセになっているひざ痛持ちの人もいるのでは？ 前ではなく上方向にベクトルをチェンジ。頭を上げるのに合わせてひざを伸ばしましょう。おしり筋を締めると、よりスムーズ。

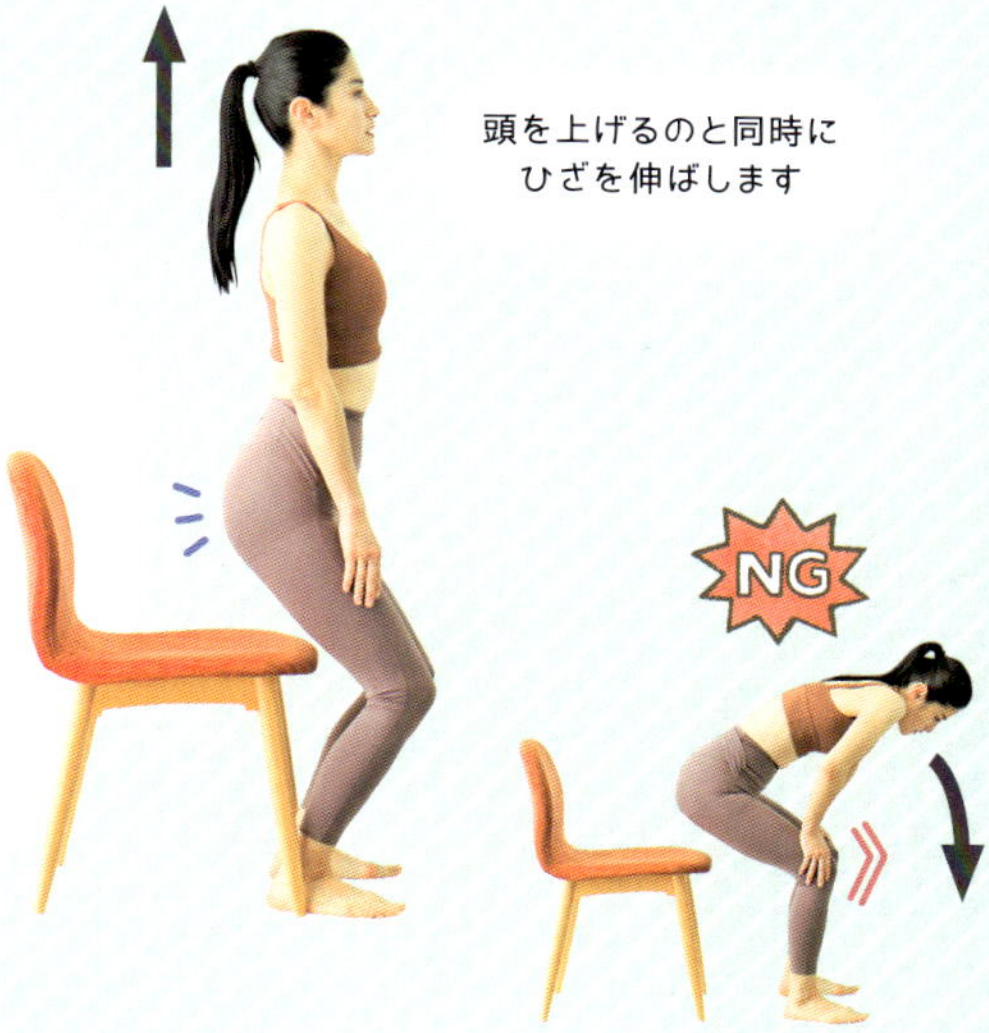
頭を上げるのと同時に
ひざを伸ばします
NG

Q Naoko先生が普段しているトレーニングを知りたいです

7:00

ベッドの中で

弓なりおしり筋伸ばし

全身を弓なりにして、手足を伸ばします。写真のように体の右側を伸ばすときは、「右手、右足を左より長くしよう」と意識することがポイント。さらによく伸びます。

7:15

洗顔をしながら

体のスイッチをオン

腰を丸める代わりにひざを曲げて体勢を低くし、おしりを突き出しておなかに力を込めます。「きょうも、がんばるぞ」と気合を入れる、私にとってのスイッチ姿勢です。

8:00

洗い物をしながら

ワイドスクワット

調理や洗い物をするときは、大きく足を広げて立ち、ひざを曲げたり伸ばしたり。おしりと腹筋を鍛えます。ひざがシンクの壁で支えられるので、負荷が程よく軽減。

A 生活の中に“ながらトレ”を取り入れています

トレーナーの仕事をしつつ3人の子育てをしているので、自分の時間はほぼ無し。トレーニングの時間を長時間設けるのではなく、普段の動きの中でついでにできる“ながらトレ”を習慣にしています。積み重ねると総運動量は高くなりますよ。

22:00

洗濯物をたたみながら

股関節ほぐし

仙骨を立てて背中を伸ばし、足を広げて座ると股関節の可動域が広がります。片ひざは曲げたままでOK。遠くの洗濯物をとるときに上体を倒すと、ほぐれ度アップ！

21:00

子どもを寝かしつけながら

ヒップ締め

横向きに寝てひざを軽く曲げます。そのまま脚をゆっくりと上げ下ろし。中殿筋や小殿筋など、おしりをサイドから締める筋肉のトレーニングに。

9:00

ぞうきんがけで

全身エクササイズ

ふきそうじが大好き。家じゅう、何往復もぞうきんがけします。腕を真っすぐ伸ばし、足を大きく出すのが、消費カロリーを上げるコツ。

Q 食事で気をつけることを教えてください

1 小さな魚を積極的に食べる

なぜなら……

丸ごと食べられる＆脂が体につきにくいから

ししゃもやしらすなど、丸ごと1匹食べられる小魚は、たんぱく質、脂質、カルシウムなどさまざまな栄養をとることができます。実はコラーゲンも豊富。また、魚の脂は摂取した後、体内でサラサラ流れるのが特徴。体につきにくいのもうれしい点です。

2 良質なオイルを積極的にとる

なぜなら……

油断ちすると便秘になりやすいから

油には、便の潤滑油になるという役割が。便秘を予防し、毎朝スルッと出すために欠かせません。積極的にとりたいのは、代謝アップの効果もあるオメガ3脂肪酸。アマニ油やエゴマ油がおすすめですが、熱に弱いのが難点。ドレッシングに入れるのがおすすめです。

3 おやつは昼間のうちに食べる

なぜなら……

寝る前に食べたものはそっくり体が吸収するから

昼間、適量食べるなら、スイーツも怖くありません。おやつは15時前に食べましょう。「BMAL1（ビーマルワン）」という食べたものを脂肪に変えるたんぱく質が夜間の50〜60分の1しか分泌されないうえ、食べたエネルギーは動いて消費することができます。

A 5つのポイントに気をつけながらバランスよく食べましょう

極端な食事制限はリバウンドの元なので厳禁。ダイエット中でも「たんぱく質をしっかりとる」「食事の時間だからではなく、空腹を感じたら食べる」という点に気をつけつつ、必要なエネルギーはとりましょう。やせ体質づくりに役立つ5つのポイントを紹介します。

私も気をつけている
5つのポイントです

4 食べるときはよくかむ

なぜなら……

かまないと代謝が落ちてしまうから

私たちの体には消化酵素と代謝酵素があり、その量は決まっています。よくかまないと消化に酵素を使われるため、代謝酵素の量がダウン。エネルギーを使い切れず脂肪がつきやすくなります。よくかめば満腹中枢も刺激されるので、食事の満足感も高まります。

5 お酒は飲み過ぎない

なぜなら……

トレーニング効果が下がってしまうから

お酒には筋肉を弛緩させる作用があります。また食欲も増進して、必要以上に食べすぎてしまうのも問題。実際、お酒が好きな生徒さんは、ダイエットのスピードがゆるやかです。お酒は週に1回まで。焼酎など糖質の低いお酒をほどほどに、楽しみましょう。

特別編!
20万部超えの大ヒット

1分 おしり筋を伸ばすだけで 劇的ペタ腹! おさらい

1冊目で紹介したおしり筋伸ばしの中から、基本の動き4つを紹介します。動画もチェック!

骨盤内の筋肉を目覚めさせる

横座りおしり筋伸ばし

左右各 3~5 呼吸

1 横座りになる

両ひざを左に倒して横座りに。左足の裏は右の太ももにつけておく。

フゥ~

2 右のおしりを床につける

浮いている右のおしりを、息を吐きながらゆっくり床につける。

骨盤の前後ゆがみ&仙腸関節をほぐす

四つばいおしり筋伸ばし

3~5 呼吸

1 四つばいになる

うつぶせで両手、両ひざを床につく。手は肩より少し前に。背中を軽く反らせること。

フゥ~

2 おしりをかかとに近づける

息を吐きながらおしりをかかとに近づけ、おしりを前後左右に軽く揺する。

1分
おしり筋を伸ばすだけで
劇的ペタ腹!
Naoko
確実にやせられる!

骨盤の左右ゆがみ＆股関節をほぐす

前後開脚おしり筋伸ばし

左右各
3~5
呼吸

1 正座して床に手をつく

正座から上体を前に倒し、手を床につく。

フゥ~

2 左脚を伸ばしおしりを揺らす

左脚を後ろに伸ばし右ひざは外に開く。息を吐きながら右のおしりを床に近づける。

骨盤を引き締める

ブンブンごま風おしり筋伸ばし

左右各
3~5
呼吸

1 横座りしておしりを浮かせる

両ひざを左に倒して横座りした姿勢で両手を後ろにつく。左のおしりを真ん中にズラして右のおしりを浮かせる。

右手を上げて、
体の上を通して……

2 両手を後ろにつき体をひねる

右手を左手の横へつける。腰がひねられているのを感じながら、息を吐いて姿勢をキープ。

3か月でウエスト−15㎝！ キュッとくびれました

青木陽子さん（50代・美容サロン経営）

期間 約3か月

頻度 月1回80分のレッスン＋毎朝10分

2020年6月

3か月でくびれくっきり！

2020年3月

身長 153cm

	After		Before	
−15.0㎝	62.0cm	←	77.0cm	ウエスト
−11.0㎝	85.0cm	←	96.0cm	骨盤まわり
−9.0kg	50.0kg	←	59.0kg	体重

※体験者さんのダイエットは、おしり筋伸ばしと適切な食事指導を組み合わせた結果です。

30代前半から太り始め、ずっと体形がコンプレックスでした。産後の授乳期間にやせたのですが、授乳が終わると体形も元通り。以来、食事制限や筋トレなどさまざまなダイエットを試しては、短期間でリバウンドをくり返していました。

そんなとき、縁あってNaoko先生のレッスンを受けることに。初回のレッスンで肩の高さの左右差など体のゆがみを指摘されビックリ。月1回のレッスンのほか、毎朝、自分でおしり筋伸ばしを続けました。これまでのダイエットと違うのは、やりたくて仕方がないところ。おしり筋を伸ばすのが気持ちよくてクセになり、やらずにはいられないのです。

スタートして1か月で、ハッキリわかるほど体が引き締まりました。特にウエストは、くびれがくっきり。毎朝わずか10分、気持ちよく体を伸ばすだけで、20年来の脂肪が落ちるなんて夢のようです。

また、寝つきがとてもよくなり、スッキリ目覚められるようになったのもうれしい点。体のめぐりがよくなっている自覚があります。

無理のあるダイエットは結局続きませんが、おしり筋伸ばしは私の日課。リバウンド防止と、体調キープのために、ずっと続けていくつもりです。

After ← Before

ウエストがキュッと引き締まったおかげで、メリハリあるボディラインに。

After ← Before

背中もスッキリ。肉に埋もれていた肩甲骨のラインが、くっきり出るようになりました。

ウエスト－22㎝でペタ腹に！自信を取り戻せました

2020年
10月
2020年
8月
体の厚みが薄くなった

川上のぶ子さん（40代・会社員）

期間　約3か月

頻度　月1回80分のレッスン＋朝晩各3ポーズ

身長 162cm

	After		Before	
－22.0㎝	65.0cm	←	87.0cm	ウエスト
－13.0kg	55.0kg	←	68.0kg	体重

30代半ばから仕事が激務になり、不規則な生活とストレスから20kgも太ってしまいました。ダボッとした服しか着られず、タイツも締めつけがきつくてはけない状態に。自律神経も不安定でした。

仕事中に倒れたのをきっかけに、ジムに入会したり、毎日10km歩いたりもしましたがやせられず、さらに足がむくみ腰痛にも悩まされるようになったのです。

そんなときＮａｏｋｏ先生の著書を読み、「ブンブンごま風おしり筋伸ばし（P・103参照）」をしたところ、翌朝、足のだるさが解消！すぐに体験セッションを申し込みました。

月1回のセッション以外は、朝晩、3ポーズを左右各3呼吸する程度。「これでやせるの？」と半信半疑で、2か月は変化もなかったのですが、3か月目に入ったら突然ウエストが10cm以上減！さらにみるみる引き締まり、計20cm以上細くなりました。痛かった背中や腰もスッキリ！

完璧主義でやりすぎがちな私ですが、ゆるっと気持ちよくできるおしり筋伸ばしなら無理なく続けられそう。何より「私はもう昔みたいにやせられない」と傷ついていた自尊心を取り戻せたのがうれしい！私を見て、母や友だちもスタート。おしり筋伸ばしの輪が広がっています。

フェイスラインや首、デコルテもほっそり。ぱっと見の印象もシャープになりました。

おしりと太ももの境目がくっきり！革ジャンを着るとギチギチで腕が動かせなかった肩＆背中もスッキリ。

おしり筋伸ばしでボディライン激変！

成功者リポート

no.3

最初の1か月で-4kg！ 脚やせしスキニーもはけるようになりました

Gさん（40代・会社員）

期間 約4か月

頻度 月1回80分のレッスン＋毎日30分

2020年
3月
202C年
6月
おしりが上がって脚長に
身長
161cm

下腹がスッキリ。以前のパンツはぶかぶかです！

	After		Before	
−8.5cm	67.0cm	←	75.5cm	ウエスト
−10.0cm	89.0cm	←	99.0cm	骨盤まわり
−7.1kg	50.9kg	←	58.0kg	体重

40歳を過ぎて4人目を出産後、ズルズル太り始めました。60kgが目前になり、はやりのダイエットに飛びついては、すぐに飽きて終了。そんなときおしり筋伸ばしを知り、これならできるかもとスタートしました。

おしり筋伸ばしは動きも小さいし、気持ちよく伸ばしているだけなのに、直後は手すりにつかまらないと階段も上がれないほど筋肉がプルプル。特に裏ももやおしりが刺激されます。

最初はグラついていたポーズも、毎日続けるうちに安定し始めました。最初の1か月で体重が4kgも減って、足が細くなりおしりがツンと上向きに！　ウエストゴムのレギンスオンリーだったのが、デザイン優先で服を選べるのがうれしいです。

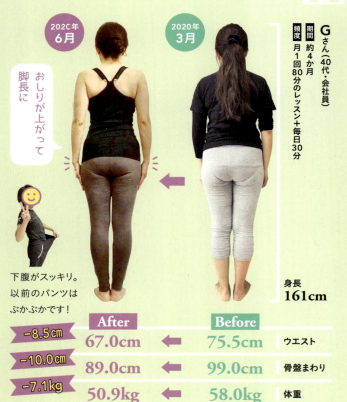

半年で服のサイズが 13号↓9号に！ 腰痛や慢性疲労も解消

中島トヨさん（40代・パート）
期間 約6か月
頻度 月1回80分のレッスン＋毎日5～10分

2020年
6月
2020年
12月
腰肉が落ちた！

身長
157cm

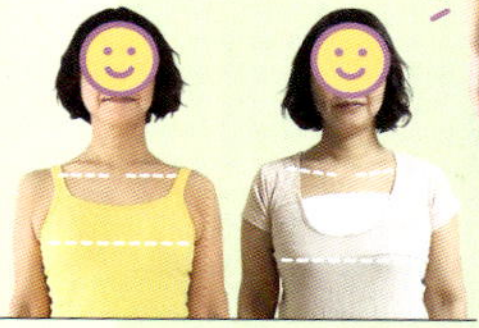

上がっていた肩が下がり鎖骨が水平に。首が長くバストの位置が高くなりました。

	After		Before	
−14.0㎝	70.0cm	←	84.0cm	ウエスト
−5.0㎝	55.0cm	←	60.0cm	太もも
−6.2kg	55.8kg	←	62.0kg	体重

産後太りが戻らないまま母の介護がスタート。育児と介護のストレスを食べて発散し、さらに動かなかったせいで、ウエストは84㎝に。母の葬儀に喪服が着られず、13号の喪服を購入したことがショックでした。

Ｎａｋｏ先生の著書を見つけトライしたところ、最初は効いているところが違ったり、立って行うエクサができなかったり。でも、動きを丁寧に意識するうちに、3か月目ぐらいから効かせたい場所に刺激を感じるようになりました。すると体も反応。まず腰肉が落ち、半年たつころには9号の服が着られるように！

不調や痛みも改善し、腰痛も軽くなりました。忙しい日でも5分はおしり筋伸ばしをするのが習慣です。

おしり筋からアプローチして
ご自身の体と心に愛着を感じてください

本書を手にとっていただき、ありがとうございます。前著『1分おしり筋を伸ばすだけで劇的ペタ腹！』を出版した際にいただいた「動きを動画で見たい」「くびれと下半身やせメソッドをもっと知りたい！」などのリクエストにお応えしたい気持ちから、本書の出版となりました。

年齢を重ねると成熟した自分へと成長する一方で、多くの方が体力の低下を実感し、見た目のエイジングも進みます。そんなときは、おしり筋からアプローチし、少しずつ体を動かしてみてください。きっと、筋肉がハリを取り戻し、体が軽く動くようになります。すると、自分の体と心をもっと愛おしく思うようになり、自信につながっていくはずです。

これまで多くの方から「おしり筋伸ばしのおかげで腰痛を克服し、趣味のダンスを楽しめるようになった」「美脚になれてコンプレックスを解消できた」といったうれしいお声をいただきました。そのたびに、ご自身の体と心に愛着を持つことが、人生の幸せを大きくするのだと感じます。みなさんが毎日をポジティブに過ごせるよう、心より応援しています。

本書は、温かい応援とサポートのおかげで完成しました。ご協力くださったクライアントのみなさま、いつもそばで協力してくれる育成講師たちをはじめ、この本に携わってくださったすべての方に感謝します。

骨盤矯正パーソナルトレーナー　Ｎａｏｋｏ

Naoko

骨盤矯正パーソナルトレーナー。(株)NaokoBodyworks代表。20代の頃より、肥満をはじめ、肩こり、腰痛、外反母趾など多くの不調に悩まされ、ボディメンテナンスの分野に深く興味を持つようになる。出産を機に本格的に体づくりの勉強を開始、ヨガ、ピラティス、整体、エステ手技などを学び、あらゆる知識と実績を組み合わせて独自のメソッドを開発。これにより、自身も14kgの減量に成功、不調知らずの体を手に入れる。このメソッドをまとめた『1分おしり筋を伸ばすだけで劇的ペタ腹!』(学研プラス)は、20万部超えの大ヒットに。現在は3人の子どもの育児を行いながら、1万人以上の女性たちにボディメイクやメンタルケアを行うほか、後継者の育成指導、企業とのタイアップ商品開発など、精力的に活動をしている。

LINE公式アカウント

HP www.naokobodyworks.com

Instagram @naokobodyworks

YouTube

Staff

デザイン
木村由香利(986DESIGN)

スチール撮影
臼田洋一郎

イラスト
根岸美帆 内山弘隆

筋肉図(P.26〜31)
野村憲司(トキア企画)

ヘアメイク
鈴木 翠

スタイリング(スチール)
西本朋子

動画撮影・編集
日高尚人(ナッシュフィルム)

制作協力
北村朋子、横川未来美(ともにSDM)

編集協力
及川愛子

編集
彦田恵理子

衣装協力
Lee.che. https://leeche.shop-pro.jp/
ダンスキン/ゴールドウイン カスタマーサービスセンター 0120-307-560
[sn] super.natural ☎03-6425-7166
スリア/インターテック ☎050-3821-2940

参考文献

『アナトミー・トレイン』(医学書院)
『エンドレス・ウェブ』(市村出版)
『身体運動の機能解剖』(医道の日本社)
『生理学』(文光堂)

体が硬くてもラクにできる!

1分おしり筋を伸ばすだけで 劇的くびれ・美脚!

2021年5月4日 第1刷発行

著 者 Naoko

発行人 中村公則
編集人 滝口勝弘

発行所 株式会社学研プラス
〒141-8415 東京都品川区西五反田2-11-8
印刷所 大日本印刷株式会社
DTP 株式会社グレン

○この本に関する各種お問い合わせ先
本の内容については、下記サイトのお問い合わせフォームよりお願いします。
https://gakken-plus.co.jp/contact/
在庫については Tel:03-6431-1250(販売部)
不良品(落丁、乱丁)については Tel:0570-000577
学研業務センター 〒354-0045 埼玉県入間郡三芳町上富279-1
上記以外のお問い合わせは Tel:0570-056-710(学研グループ総合案内)